タヴィストック・
セミナー

ウィルフレッド・R・ビオン●著
Wilfred R. Bion

フランチェスカ・ビオン●編
Francesca Bion

福本 修●訳
Fukumoto Osamu

The Tavistock
Seminars

岩崎学術出版社

The Tavistock Seminars
by Wilfred R. Bion
© *The Estate of Wilfred Bion 2005*
First published Publishers, represented by Cathy Miller Foreign Rights Agency, London, England.
Japanese language edition © *Iwasaki Gakujutsu Shuppansha 2014.*
Japanese translation rights arranged with Karnac Books Ltd
c/o Cathy Miller Foreign Rights Agency, London through Tuttle-Mori Agency, Inc., Tokyo.

目 次

ビオンのタヴィストックでのセミナー　　　v

第 1 セミナー　　1976年 6 月28日　　1
第 2 セミナー　　1977年 7 月 4 日　　15
第 3 セミナー　　1977年 7 月 5 日　　35
第 4 セミナー　　1978年 7 月 3 日　　47
第 5 セミナー　　1978年 7 月 4 日　　63
第 6 セミナー　　1978年 7 月 5 日　　67
第 7 セミナー　　1979年 3 月27日　　87
第 8 セミナー　　1979年 3 月28日　　103

付録 A　ペギーの『ジャン・コストについて』からの抜粋　　113
付録 B　アンソニー・G・バネット Jr. によるインタビュー　　117

あとがき・訳者解題　　141
索　引　　155

ビオンのタヴィストックでのセミナー

　1976年・77年・78年の夏の間，私たちはヨーロッパで何週間か，ロンドン・イタリア・フランスと訪れて過ごした。1979年には，ロンドンを2度訪ねた——3月，そして9月にカリフォルニアからほぼ12年ぶりに帰国したときだった。

　ロンドンに滞在したこうした機会にビオンは，タヴィストック・クリニックでセミナーを開くように求められた——全部で14回である。残念ながら，残存する数少ない録画はごく最近になって見出され，その品質は一定していない。それでもこれらの遺された物は，彼の晩年の4年間で，主たる，重要であり続けた分析の領域を，明確に示している。

　録音された言葉を印刷の形に移すことは，決して簡単明瞭な作業ではない。演者が自分の考えを即興的に表現する場合は，殊にそうである（ビオンが常にしたように）。同時に，彼の著作のスタイルと個人的特徴を保持しようとすることが必要である。私が行なった変更はどれも，この目的に合致するものである。

フランチェスカ・ビオン

第 1 セミナー

1976 年 6 月 28 日

[この年は，記録破りの熱波と旱魃だった。ビデオテープには，いつもの長袖シャツ・蝶ネクタイとジャケットではなく，半袖で襟の開いたシャツを着ているビオンが写っている。]

ビオン：精神分析を受けるという実際の経験が外傷的なもので，それからの回復には長い間掛かるものだと私が認識するのに，非常に長い時間が掛かりました。身体医学では通常，回復期を経る必要があります。それから，身体に加えられた暴力から，運が良ければ何らかのよいことを自分が得られるのを期待します。私が手ほどきを受けたのは，精神分析は暴力を振るわない——時間の経過とともに徐々に，ますます治っていくものだという類の考えです。それがしっくり来るとは，私には全然思えません。非常に長い時間が経ってから初めて，それがどこ「へ」目指しているのか，そして「精神分析」と——他に良い言葉がないので——呼んでいるこの奇妙な宇宙あるいは領域の中で，自分がどのような窪み(ニッチ)にいるのか，私は分かると感じ始めました。しかし私は，この線で考えてそれほど先に進んだとは言えません。困難の一部は，私たち自身の言語を定式化しようとするために，あらゆる科学や宗教・美学的活動から専門用語を借りなければならないことにあります。この並外れた領域に適した言語はありませんが，そのような領域が存在し，心あるいは性格・パーソナリティと呼ぶことが正当である何かが本当に**存在する**ことを，私は確信しています。問題は，品

質の劣化した通貨，つまり，価値の多くを失い，よって鋭さを失っている——それを特にこの目的のために用いなければならない限りで——言語を，使用しなければならないことにあります。

フロイトは，人々が記憶喪失 amnesia ——隙間つまり何らかの記憶があるべき空間——に苦しみ，それからこの隙間を記憶錯誤 paramnesia で埋める状況を記述しました。それは結構なことであり，これまでのところ，非常に役に立つ類の考え（アイデア）でした。しかし時を経て，私たちが精神療法や精神分析についてますます聞き慣れるようになるとき，別の大きな隙間が———記憶喪失ではなく——あるのではないかとますます思います。その語彙は非常に難しく，何と呼んでよいか分かりません。しかしともあれ，私たちは途方に暮れているとき，自分の無知の——その中で私たちが行動している，この広大な範囲の無知，知識のなさの——隙間を埋めるために，何かを発明します。隙間が怯えさせるものであればあるほど，私たちが生存のための最も初歩的で単純な必要条件についてさえ，どれほどまったく無知かを認識することが恐ろしいものであればあるほど，私たちは外からも内からも，隙間を埋めるようにますます迫られます。それは完璧に行なえます——芸術や宗教で，理論を増殖させることができます。自分がどうしたらよいのか全く分からないと感じる状況では，個人的に何をするか自問すればよいだけです。何らかの体系，一種の構造をその上に築くのに利用できるものなら何であれ，それにしがみつけるのは，ありがたいことです。だからこの見方からすると，精神分析全体は，長らく感じられた欠乏を，広大なディオニソス的体系であることによって埋めていると主張できるように私には見えます。私たちはそこに何があるのか知らないので，こうした理論を発明して，例の壮麗な構造を築きますが，それは基礎を持っていないのが，事実です——あるいは，唯一の事実で，そこにその何らかの基礎があるのは，私たちの完全な無知，能力の欠如です。

しかしながら，私たちはそのことが，精神分析の理論はある時，良い小説や良い演劇が人間の振る舞いを思い起こさせるのと同じように，現実生活を思い起こさせるという事実と，完全に無関係ではないことを望みます。レオナルドは，人間がどう見えるかを思い起こさせるものを描くことがで

きました。彼の『手稿』中の髪と水の乱流の素描を見れば，私が述べたような動揺を感性的に表現しようとする試みがあります[訳注1]。

　私たちはこのことすべて——つまり私たちの無知という事実と，私たちは自分の住むこの宇宙に，科学や宗教・芸術などのさまざまな方法によって進出しようと試みなければならないという事実——を忘れたいと思わないで，個人としての私たちが行なうアプローチの数を，増やし続けることができます。それは，私たちが知らない素材のこの大きな塊の中に小さな空間を引っかいて集めることへの，私たち自身の小さな貢献です。

　私は，生物学者や他の人たちが性について語ることは許されていたと考えますが，性が大きな役割を果たすというフロイトの提言が生み出した騒動を思い起こします。彼がそうできたという事実には，私たちに精神分析の発展のほとんどを生物学的作用の点から見させる作用もありました。それにふさわしいのは，メンデルの仕事と彼による遺伝法則の公表です。もちろん，私たちが「メンデルの遺伝」について語るとき，当然の疑問が生じます，なぜならそれは同語反復だからです。しかしながら，厄介な状況が生まれると思われるのは，心のようなものがあり，私たちはみな心や魂，精神とか好きに呼ばれるものを持っていると仮定することになるときです。私たちはそれに適した語彙を持っていないので，そのような語り方をしなければなりません。私たちがそのことを認識すると直ちに，そこには何らかの隙間があり，それは実際には全くの空虚ではありません。生物学からの借用は，心と観念(アイデア)の伝達の問いの話になると，破綻し始めます。実際にはこの生物学的遺伝に加えて，この繁殖のメンデルの神話は観念(アイデア)の世界に当てはまるものとなっていることを，私たちは熟考しなければなりません。その世界では特徴＝形質が，一つの世代から次の世代あるいは何世代か後に伝達されます。一方には遺伝子型つまり遺伝があり，もう一方には表現型つまり外見の伝達があると言えるでしょう。かつて私が信じるように教

訳注1）この年1976年の3月，境界型パーソナリティ障害についてトペカで開催された国際会議で，ビオンは「情動的乱流」を発表している。Emotional turbulence. In: P. Hartocollis (Ed), Borderline Personality Disorders. New York: International Universities Press, 1977, p. 3–13.

えられてきたのは，これらの獲得形質は伝達されない――，伝達される唯一の形質はメンデルのもの，つまり遺伝子で伝えられる遺伝であるということでした。私は，これで十分だとは思いません。私は，観念(アイデア)が伝達される仕方には，全く明白なものがあると思います。個人は，こうした現象化合物 phenomenes の徴候や症状を備える別の個人をいわば生み出します――私は，受け継がれ続けるこうした小片たちを記述するために，この言葉を造語しています。そうすると，シェークスピアによって影響を受けて，その形質がいわば何とはなしに伝達されるようになる英語国民のいる状況が，想像できるでしょう――伝達は本など，想像される自明の仕方でばかりではありません。私はジョン・リックマンが伝えてくれた，ヨーク鉄道駅での彼の経験を思い出します。ある兵士が彼に近づいて来て，「閣下，あなたはノースフィールド(訳注2)にお出でではなかったでしょうか？」と言いました。リックマンは，いたと言いました。「あれはまさに大学にいるような，私の人生の最も途方もない経験でした」と兵士は言いました。その男には，私たちが知る限りでは，決して大学に入る希望はありませんでした。彼の教育歴や経済面・文化的背景は，どれも彼に不利でした。だから，おそらくそれは彼が得た唯一の機会(チャンス)でした。私に理由は分かりませんが，その観念(アイデア)はノースフィールドにいたあらゆる人たちの中の特にこの人物に伝達されて，彼の見方を変えました――確かにあたかもそれが変えたかのように聞こえました。オクスフォード大学とケンブリッジ大学にいた私の世代の甘やかされた人たちはみな，何が降りかかろうと，大学とは何かについて何の観念(アイデア)も持たずに，大学の課程を修了できました。しかし一人の，大学とは何かを知る由もなかった男は，ほぼ確かに知ったのです。

訳注2)「ノースフィールド」は，バーミンガム郊外の精神科病院を指す。第一次世界大戦および第二次世界大戦中は，軍の病院として使用された。士官の選抜に関わっていたビオンは，現実的な課題とリーダーシップの重要性を認識し，精神的障害から戦線を離脱した英国軍人の集団治療に関心を持った。彼はリックマンとともに，ノースフィールド軍事病院で実験的な病棟運営を行なった。患者たちは自律性と活気を取り戻しつつあったが，上層部の判断によって6週間で打ち切られ，2人は配置転換された。続いてフークス S. H. Foulkes は，「治療共同体」の考えに発展する治療活動を行なった。病院は1995年に閉鎖されている。

私たちは，何かが個人に起こり，次いでその「何か」が他のところへと伝達されると想定するように仕向けられています。しかし，メンデルの遺伝法則は当てはまりません——表現型と現象化合物のような，他の法則が当てはまります。
　私たちはそれを，精神分析のときのように，非常に綿密に，そして極めて詳しく見ることができます。しかし，人が他の人と密に接触するときに可能となる観察の深まりによって，この別の伝達形式について非常に多くのことが明らかになるかどうかは，私には分かりません。実のところ，分析がとにかく個人にどのような影響を持つのかを知るのも，非常に難しいことです。何人かは確かに，その経験を活用できるようです。しかし私は，多くの場合，それは単に束の間のことだと思います——外見上，「治癒」はあります。私たちは「治癒」のような用語を使うことはできますが，それには長続きする現実性も，特に意義もありません——それは，メンデルの法則に従って伝達された基礎的で基本的な形質とは対照的です。私たちは，「証拠物件Aは人間である，証拠物件Bは虎か猫か羊である」と言うことはできます。それは，メンデルの遺伝法則に従う，幾つかの根本的な事柄が存在するかのように見えます。他の法則（そのようなものがあるとして）は，発見されなければなりません。もしもあなたが或る集団の人たち——例えば，ノースフィールドにいた人々のように——を受け持てば，時の経過とともに，観念が，思考することの一部と思われる何かが，そこでどのような過程を辿るのかを探知できるかもしれません。集団を観察する人たちはそこで，この形式の遺伝のいくらかを見る機会があるかもしれません。
　精神分析の観点に戻ると，「転移」や「逆転移」について語ることは，極めて役に立ちます。あるいは，ウィニコットが言う「移行対象」について。それは，何処だか分からないから何だか分からないへの，忘却から記憶喪失への移行にある対象です——その間の，「転移関係」と「逆転移」を語ることで埋められる，ごく小さいものです。しかしそれは，何か他のもので埋められなければならないだろうと私は思います。こうして小さく纏めたものの間の関係はそう簡単に決められないので，ある観念が集団を

通ってジグザグに進むのが見られるかもしれません。私は，その思想が何に由来して，どこに向かうのか知りませんが，その**途上**が観察されるかもしれません。これが，分析の実践と集団の観察の実践に戻る地点です。

Q：[聞き取れない]

ビオン：痛みは，実存の事実です――それは喜びとそれほど違いがありません。確かに，癒合ほどの特殊な単語は含まない，専門用語集が必要とされると思います。多くの感情や思想は一緒に集められて，何らかの秩序にまとめられるでしょう。喜びと痛みを，スペクトラムの両極と見なすこともできます。

　私たちがなぜ快い感じになりたかったり，快い感じに自動的になると信じさえしたかったりするのかを理解することは，とても簡単です。それはくだらないことだと思います。前提としなければいけないのは，自分が感情を持っているか，持っていないのかのどちらかだということです。痛みという避けられない事実の対価を支払うのが嫌ならば，自分を孤立させようとする状況に追い込まれます。身体的には，それは全く可能です。ブラインドを下げて電気を消し，電話をオフにして新聞を読むのを止め，完全な孤立状況で過ごすことはできます――**身体的**には。精神的には，それがごく簡単だとは思いません。例えば，仮に子宮へ戻ることができたとしても，人は生き続ける限りで，完全に孤立していると想像するのは，ありそうにないことです。人間の胎児は流体の環境，すなわち羊水の中で暮らしており，発生学者は，これこれの耳窩と視窩を有していると言います。それらが機能し始めるのは，どの時点か。水状の流体は圧力を伝達するので，胎児にとってであろうと，それらが機能的にならない理由はありません[訳注3]。ある時点で胎児はこうした変化する圧力に晒される可能性があるので，それが水状の流体からガス状のもの――大気，誕生――に変わる遥か前から，胎児はそっくり取り除こうと全力を尽くすと思います。

訳注3) 付録B（1976年4月のインタビュー），本書127ページ参照。

胎児でさえ思考や観念・空想(アイデア)を分裂して羊水へと排出するかもしれないと示唆することは，クライン派の理論の完全な歪曲であろうと思います。しかしながら，私たちがそういった空想にふけるべきではないとする理由は見当たりません。フロイトは，「私は思弁的な傾向を抑制して，私の師であるシャルコーの忘れられた[訳注4]言葉に従って同じ事象を，それが自ずと語り始めるまで，何度も何度も見つめることを学んだ」(S. E. 14, p. 22〔「精神分析運動の歴史のために」(1914) より〕) と言いました。私はそれに大いに共感しますが，私たちがこうした思弁的な冒険なしで済ませられると想像するのは危険だと思います。何らかの訓練が必要になります。

魚状存在に似たものから両生類状存在への，哺乳類状存在への，この興味をそそる進歩に見えるものを検討すると，こうした太古的遺物が存在するように私には思われます。外科医は，「私は鰓裂腫瘍があると思う」と言うでしょう。それは遺物であり，増殖して危険になる身体の太古的部分です。尾の痕跡があり，それは腫瘍を生み始め，手術を要します。心が，この太古の遺物が，そのように簡単に探知されるならば，結構なことであり，非常に誘惑的です——しかし，そうはできません。私たちは，それを嗅ぐことも，それに触れたり感じたりすることも，それを見ることもできないようですが，にもかかわらず私たちはそれに気づいています。あいにく私たちは，おそらく私たちがまったく間違っているとしか言えません。私たちは何かによって刺激されており，それから記憶錯誤のこの精巧な体系を，理論のこうした精巧な体系を築きます。なぜなら，理論に頼ることができるのは，ずっと手っ取り早く，ずっと結構なことだからです。この点に関して私が正しいならば，心の生活に関する限り，私たちは幼児期にあり，どのような発達が起こりそうなのかも，その発達が類人猿の能力——核分裂を生み出して，私たちがもっと先に発達できる前に私たち自身を地球から吹き飛ばすことができる能力——という私たちの素晴らしい装備によって終結させられるのかどうかも，私たちには全く分からないと言えるだろうと思います。

訳注4) forgotten。但し，フロイトの原文では unvergessenen つまり unforgotten。

Q：[聞き取れない]

ビオン：水状の媒体の中に住んでいる胎児の，遠隔探査法の一つは嗅覚です。ツノザメとサバは，水状の媒体の中で，相当遠くの腐りつつあるものを探知できます。ガス状の媒体へと移送されて，人は一定量の水状の媒体——粘液・唾液など——を自分の身につけており，したがって完全に乾燥してはいないものの臭いを嗅ぎ続けることができます。かつて外に存在した水状の媒体は，今や内側にあります。それに対して非常に敏感になりうる人もいて，彼らは他の人々にはできない自分の嗅覚の能力を喜ばず，「鼻カタル」について，まさにそれで溺れる恐れを感じているかのように，激しく苦情を言います。要するに，資産でありうるこの「カタル」は，人が恐れる障害となります。

　このことは，物理的に接触していないものをあなたに見せ，全然見たくないものを見せてしまう可能性がある眼にも，当てはまると思います。私たちは，精神的な能力を開発できる手段を見つけたのかもしれません。それが概ね害のないものであれば，多分まったく構いません。しかし，それが本当に貫き通す鋭敏なものになるとしましょう。自分の頭を堅固な殻の一種に突き通している人を描いた，中世の絵があります。それで彼は外部にある宇宙を観察することができます。もしも天文学が，実際に人が宇宙へと突き通ることを可能にしたならば，たちまちそれへの反対があったことでしょう——あらゆる電波望遠鏡などなどへの暴力的な反対であり，それらをすべて破壊する願望です，なぜなら，それらは生活を非常に心地悪いものにしたからです——見えず聞こえずの方がよほど快適なのです。

　だから，その意味はこういうことです。私たちはXを，「彼はひどく心気的だ」と言うことで片付けるのか——終わり，これでもうありがたいことに，煩わされずに済むのか。それとも，私たちは彼が言うことに耳を傾けるべきか。私たちは，この人が伝えようとしていることに晒されるべきか。

　フロイトは，私たちが夢に注意を払うべきだと言いました。それには長

い歴史があります——多くの人々が以前にそう言ったことがありましたが，フロイトはそれを最大限推し進めて，私たちは眠りにつくときのように警戒しないでいるときに見聞したり経験したりするものに対して，本当の尊敬を持つべきだと示唆しました。自分がはっきりと覚醒しているときに，こうした夢の続きに対して敬意を少しでも有している人は，非常に限られています。彼らは，夢の続きを見ていると認めそうにさえありません，なぜなら，残りの私たちがそうしたものを幻覚や妄想と呼ぶと知っているからです——私たちがみな知っているように，ところによって当局は，人々を害になることがほとんどできないところに——つまり精神科病院の中に閉じ込めようと骨を折ります。精神分析の前にも，もう一つの未来が広がっています。当局を動揺させることと，彼らが人間の心を無害な状態に保つために閉じ込めるのを助けることです。ある意味で私たちは，ピカソやソルジェニーツィンのような人々にとっては，そんなことは構わないことだと感じます——彼らは偉大な人物であり，そうした事柄に耐えるのは彼らにとって当然のことだった，と。しかし，能力が普通の私たちが，心の自由への運動を支えるためにそれに対して立ち上がらなければならないかもしれないと考えるのは，厄介なことです。それは，発達を助けて精神の栄養の規則を発見するかもしれない運動ですが。心が発達できて毒されないようにするには，どう栄養を与えるのでしょうか。

　これは，何らかの種類の薬物——アルコールや催眠薬などの適用が問題になるときには，かなり簡単に見分けられます。しかし，どの**思想**(アイデア)が催眠薬で，どの**思想**(アイデア)は有毒なのか，私たちが分析者として，思考が不可能になるような方法の発達を促進していないかを知ることは，それほど簡単ではありません。

　アンドレ・グリーンは，"La réponse est le malheur de la question"（「答えは問いの不幸な出来事である」モーリス・ブランショ（1907–2003），『限りなき対話』）という言明に私の注意を促しました。言いかえれば，答えは他の何よりも，好奇心への終止符を打つことができます。誰かが少しでも好奇心を持っているなら，彼らの喉や耳に答えを詰め込めばよいのです。それは彼らが，それ以上考えることを止めさせます。

Q：［聞き取れない］

ビオン：私が道徳性について持つ印象は，それが基礎的だということです。私は，ほんのちょっと非難めいた音を立てると，乳児はあたかも非常に恐ろしいことが起こったかのように尻込みする事実に，驚かされてきました。私は，犯罪とは何かについて何らかの意識的な考えがあるという気はしません。事実，それについてのメラニー・クラインの言明に私が知る限りで最も近いのは，「自由に漂う不安 free-floating anxiety」です。それは何の概念も付いていない不安です——そういうわけで，成長しつつある生物は，その感情に合う犯罪を全力で見つけようとすると思います。だから合理化には何の問題点もなく，誰かを犯罪者と見なすことや自分をそうだと考えることを合理的に感じることにも，何の問題点もありません。そしてまかり間違えば，人は感情に合うように犯罪をいつも行なうことができるのであり，結果的に道徳性は，一種の治療的な試みとしての犯罪を，実際に誘発するでしょう。当の人間は，「そう，私は有罪に感じるかもしれない，でも，誰でもそうでは？　私がしたことを見てほしい」と感じることができます。現実に，人を殺しかねないくらい凶悪な自分の罪悪感は少なくとも合理的だと感じられるように，本当に殺人を犯せる人がいると思います。しかしこれが通常意味するのは，いわゆる合理的な出来事とは，私たちが自分の論理的規則に従って理解できるものだということです。それは私たち人間の限界の問題です——それは，私たちが住んでいる宇宙と関係ありません。もう一つの問題は，罪悪感が非常に強いので，当人はそれを取り除こうとし，全く道徳を欠いた一種の理論や観念（アイデア）を抱こうとすることです。

Q：［聞き取れない］

ビオン：ほとんどの人が，他の人々のことを思い悩み，気に掛けるように教えられてきました。それは，人が人生の過程で学んだ策略の一つでありえます——つまり，愛情があったり優しかったりする人によく似ているこ

とが，そういう人になることの代わりとなります。それは成長と発達に終止符を打つ，解決策の一つです。

　分析では，患者があれやこれやの原因や施設に対する自分の気懸かりを，非常にはっきりと，非常に分かりやすく話している状況に鋭敏でなければなりません。剝き出しの状況では，探知するのはかなり簡単です——そう，彼は不運な人々のことをひどく気遣っています——どこか遠く離れたところの人たちを（何かをしなければならない危険はありません）。だからあなたは彼が，当事者によく似ている，医者によく似ている，分析者によく似ている——などなどリスト一杯の疑いを持ち始めます。しかし或る時点で，変化の起きたことがはっきりする可能性があります。患者は実際には，自分が何か**できる**何かによって悩んでいる，と。すると，彼の注意をそこに向けることができることが重要となります。すなわち，彼は昨日や先週，去年と同じ仕方で語っているけれども，そうであるかのようには聞こえないことに。もちろん，あなたはお世辞を言いたくはないでしょうが，何らかの改善を示唆するためにそう言っていると患者が信じることは，はるかにありそうです。

Q：[聞き取れない]

ビオン：分析的な経験の経過の中で変化が起こるとき，そこであなたは「あなたは今，自分がまさに父親（あるいは母親）だと感じていると私は思います」と言うことができます。それは，20歳か40歳くらいの人に対しては，ごく尤もらしく見えるかもしれませんが，6・7歳の子供を本当に母親と見るのは——性的に成熟していないために生物学的に母親であることができないだけだ，と理解するのは——もっと難しいかもしれません。しかし，成熟した性と本当の母らしい感情のその後の発達は，早熟で同調していないと感じられる可能性があります。すると子供は，そうした母性的感情を嫌います。つまり，彼女が母親になる見込み（チャンス）はありません——彼女は，赤ん坊を持つまでに10年，12年，15年とただ生き続けなければなりません。だから，本当に母らしい人が赤ん坊を持つ頃には，彼女は母らしく

あるイメージを手放し，それにうんざりするようになっています。人間個人は，非常に欠陥のある生き物です。その不具合は，私たち自身以外にそれに何かをできる人がいないことです。

Q：［聞き取れない］

ビオン：人は自分自身の身体の中で暮らさなければなりません。そして彼の身体は，そこに住む心を持つことに耐えなければなりません。だから或る意味で分析的な手続きは，効果的ならば，この二者を互いに一種調和し合うものにできるでしょう。私が根本的だと思うのは，当の人が自分と良い接触を——寛容な接触という意味でばかりでなく，自分で自分や自分の感情が本当にどれほどひどいと思うかや，自分がどのような人間なのかを知っているという意味で，良い接触をしていることができるべきだということです。同じ身体に同居している2つの見方の間には，何らかの寛容さがなければなりません。そのことは，外の状況へとそれを拡大できる準備段階のように私には見えます。その状況では，もしあなたが自分を父親または母親として許容できるならば，あなたではない，もう一方の親かもしれない相手を許容するかもしれません。すると父親か母親を見出すのは，あなたの子供たちに対してもあなたの夫か妻に対しても，より容易になります。

　今言ったように，このことの第一の側面は，あなた自身と接触するようになることです。なぜなら，人は「道徳的に」より良くあろうとして，行儀の悪い少年や少女ではないようにしようとして長年を過ごすからです——「私は，ひどい胎児ではないようにしようとしている」とは，とても言えませんが。だから，自分のあらゆるひどい特徴を排出したり生み出したりする，理想的な人物であり続けるためのこうした試みにもかかわらず，実際には，あなたは自分自身とともに生活することに耐えられる状態に達することが必要です。それはあなたが誰か他の人と生活に耐えられることの準備段階であり，その人は，あなたが〔カップルとして〕完結するようになるのを，一単位がカップルでなければならないところで生物学的機能

を果たすことを，可能にしてくれるでしょう。

Q：［聞き取れない］

ビオン：ノースフィールドでは，優れたプログラム——素晴らしい行事——があり，昼も夜もどの時間にも，みなが参加しているのを目にすることができました——実際に行って見ようとしなければ。私は，雑役で病棟を掃除していた何人かの人を集めたときのことを覚えています。私は，「来たまえ，見に行こう」と言いました。私たちはまず，木工場に行きました——それは閉まっていました。それから私たちは他のどこかに行きました——いや，そこの人たちは雑役中で，やっていませんでした。この素晴らしいプログラムの中で稼働していた部署はありませんでした——一つとして。

　起こりがちなのは，こうした中間段階をすべて省略して，権力の地位に達し，次いで一種の固い殻の中に形成された権力を加えることです。どんな思想(アイデア)もその権力を突破できず，どんな思想もパーソナリティや集団・共同体の周りに形成されたその殻を突き破れません。革命や暴力しか，その殻を割って中の人々を解放しないでしょう。私が時に，研究所は死んでいると言うのは，このためです。研究所は，常に規則と手続きに従うことができ，柔軟になることができるし，規則は内部の成長に合わせて変えられます。しかし研究所は，つねに人々から成り立っています——そしてそこに問題があります。すなわち，殻は厚くなり過ぎる可能性があり，人々はその内部で発達できなくなります。

第 2 セミナー

1977 年 7 月 4 日

ビオン：私は，自分が尋ねていない問いに返答されることを，非常に退屈に感じます。だから，私が言おうとしていることの大まかな考えをあなた方に示して，それから聞きたいと思うことを尋ねてもらうのが，私は望ましいと思います。私は，それらに答えるだろうとは言いませんが，私は通常，更にお尋ねする問いをいくつか見つけることができます——これは自然な発展です，なぜならほとんどの問いは，はるかに多くの問いを生み出すので。私たちは答えの地点まで辿り着きそうにありません，それを振り返り，その間に何らかの経験をどうやら集めたと思わない限りは。

　私はこの種の仕事を，分析者の観点から考える傾向があります。「分析者」によって私は，会話に対して理論上責任を負う人を意味しています。私が考えているのは，フロイトがシャルコーによる観察の強調に絶えず言及していたことです——観察は，この仕事の絶対的な本質だと私には思えます。しかし，私たちは何を観察しているのか。私たちが使用する言語さえ，私たちがするような困難な仕事にとって，適切ではありません。私たちは「観察」という語を，一種の隠喩，一つの近似として用いなければなりません。『失楽園』の中でミルトンは，自分が盲目であるために，目に頼ることができない状況について述べています。彼は，自分が「死すべき人間の眼には見えない事象を見て語る」ことができるようになるのを望むと言います[訳注5]。私たちはそれを望めませんが，私たちは何とかして，社会的な交わりの通常の経過では観察されないことが非常に多い事象を，確

かに観察します。私たちは何を観察しているのか，私たち自身の心の中で定式化できたならば，役立つことでしょう。それは，私たちがこの種の仕事をしているときに，絶えず生じる問いです。したがって，それはつねに良く手入れされている必要があります。あなた方はそれを誰か他の人に伝えようとしていたならば，それをどう定式化しますか。どの形式の言葉を使いますか。私たちが実際には，まさに言葉に訴えるのは，奇妙なことです。それはおそらく一部には，分節言語[訳注6]を語る能力は，私たちがごく最近獲得したものだからです。しかしもちろん，私たちは全く別の目的に使用され定式化されてきた言葉を借りなければなりません。今私たちが言葉を使用したい類の事象は，その時には姿を現してさえいなかったのです。

　あなたが自分の経験の中で，何を本当に観察しているのかが可能な限り明確になったら——書物やあなたが言われてきたこと，その種のものはどれも気にしないで——そして使おうとしているのが言語的な分節的コミュニケーションであることに同意したなら，どの言葉を用いることにするかを決め，自分自身の個人的な語彙集を作成してください。私たちが借りなければならない言葉は，磨滅して非常に薄くなったので，表面の刻印が読めない硬貨に似ています。私たちには，その名称も金額も分かりません。隠喩を変えるとそれは，手術前にも手術中にも，メスを研がなければならない外科医に似ています。

　私たちが自分の語彙集を最小限に切り詰めるならば，私たちが慣れ切った言葉を自分たちなりに用いる仕方を見出す可能性があると私は思います。そして被精神分析者たちも徐々に，私たちが話している言語をどう話すかを学んでいく可能性があります，それが英語でもフランス語，イタリア語でも何であろうとも。あなたが同じ言葉を正確に——**あなたの正確さで**——使用し続けるならば，患者にはその言葉が何を意味しているのかを理解する機会があります。例えば，「性」のような言葉を上げると，それは生

訳注5）ミルトン『失楽園』第3巻54–55行
訳注6）分節言語 articulate language：動物の鳴き声などと違って有意味な言語音に分けられる人間の言語（ランダムハウス英語辞典より）。

物学から借りられており，あたかもそれが本当に何かを意味するかのように，私たちによって使用されています。私たちが単に解剖学と生理学を扱っていたならば，その言葉をかなり正確に使用できるだろうと私は思います。それを心の領域と見なされるもの——心や性格・パーソナリティといったものがあると仮定して——と見なすところで用いる話になると，人がどこで「終わる」のか，何がその人の境界なのかに関して，それは大きな問題となります。

　フロイトは，「出生という際立った切断〔中間休止 caesura〕」「『制止，症状，不安』」について語っています[訳注7]。そしてそれは真実です。私は人々がその言葉〔誕生〕に，そして奇妙にも「死」という言葉にも，非常に心を動かされるのを目にします。どちらも，何の重要性もないものですが，避けることはできません。それらについてほとんど何も言うことはありませんが，それらは非常に印象的です。例えば，こんな言葉を聞きます。「病院の特にこの病棟にいる人たちのお世話をお願いできますか？——彼らは末期癌患者です」。末期癌。考えてみるだけで，何と馬鹿げた言い回しか分かります。それが末期だと，どうやって分かるのか。何の末期だと？　何の終点か？　そして何であれ，私たちは葬式の手配やそういった性質のことには，別に関わっていません。私たちが関わっているのは生きている人たちであり，或る特定の病棟にいる人たちの人生を，彼らが生きている間の時間，耐えられるものにするためになされるべき仕事があるならば，何かすべきことがあるということです。それは「末期癌」とは何の関係もありません。それは，まだこれからの，まだ残されている，いわばまだ「預けて」ある人生を我慢できて使えるものにすることに，そして患者たちが，なされる**可能性のある**ことに思い悩み，できないことにはそれほど煩わされない感じ方に取り掛かる機会を与えられる，何かの方法を見出していくことに関係しています。

　時折私は，分析者に職業的な神経症があると考えます。なぜなら，なさ

訳注7) フロイト『制止，症状，不安』の，「子宮内での生活と最初の乳児期は，出生行為という際立った切断が私たちに信じさせる以上に，はるかに連続的なものである」（SE20, p. 138, cf. 岩波版全集19巻66ページ改）より。

れたさまざまな失敗——私たちの欠点・罪・犯罪などなど——を見つけ出すことに多くの時間が費やされるので，それが全体の話の中でごく詰まらない部分であることを忘れるからです。私たちは疑いなく，自分の苦手を知りたく思います——それを知ることは非常に役立ちます——が，知るべき本当に重要なことは，そのどの部分を少しでも得意なのかです。だから，あなたが「末期」にあるとされる患者を受け持つとしても，問題は，彼がまだ何ができるのか？　老人科の患者には何をするのか？　です。

　その対極では，「2，3歳や5歳の子供を分析しても仕方がない」と言われます。「神経線維が髄鞘を有していない」ときには何もできないことについて，飛んだ言明を私は聞いたことさえあります。有髄線維の問題は，それを有する人はしばしば堅苦しく，構造が出来すぎていて，彼らの髄鞘を通して別の考え(アイデア)を得られないことです。他方，適度に知的な赤ん坊を一連の活動のごく早くにオマルに乗せると，その髄鞘のないお尻は，何をすべきか知っているようであり，何の引っかかりもなく非常にうまく実行へと進みます。なぜそうなのか私は知りませんが，私は乳児がパーソナリティを有しているに違いないと考えます——そして老人たちも，どれだけ病気だろうと，どれほど自分が末期段階に達したと信じていようと，そうに違いないと思います。もしも彼らが末期段階に達しているならば，問題はありません。しかし問題が**ある**のは，あの少しの小さな，どれほどかの合間です——或る時点から，彼らがもはや存在しない時点の間の，何日か，何週間か，何カ月かです。

　私たちはもう一度，私たちが解剖学的構造と生理機能ばかりでなく，心を有していることの熟考に戻らなければなりません。「心の病は手当できぬのか」訳注8)——マクベスが，マクベス夫人の夢遊病に言及して尋ねた問いです。その答えはおそらく，「まあ，今すぐではなく，400年したらまた来てください，私たちに何が出来るかその時お伝えしましょう」といったものでしょう。同じく今日なら，「400年したらまた来てください，その時考え(アイデア)をお伝えしましょう」となります。しかしその間，私たちはそれぞ

訳注8)『マクベス』第5幕第3場：河合祥一郎訳。

れ，この非常に短い，はかない命を生きており，そこで私たちはもしかすると，共同の積み立てに寄付するために私が述べているこの仮定的な「心」を，使うことができるかもしれません。

　そこには確かに，観念(アイデア)や性格・パーソナリティの或る種の遺伝があるように見えます。それは通常の，受け入れられた遺伝による継承の諸規則に，あまり依拠したものではありません。私たちは，こうした**獲得された形質**が，実は伝達可能ではないか，再検討する必要があります。それから次に，私たちはそれらをどうに伝えるべきかという問題になります。

　私は，あなたが明日会う患者のことを考えたいと思います。私には大変有利な点があります。なぜなら，そのことについて何も知らないので，私はあなたのようには簡単に惑わされることがないからです。おそらくあなたは，自分が今日その患者に会ったとか患者から話を聞いたとか考えます。しかし私は，そのことに利点はあっても，若干の害もあることを示唆します。なぜなら，そうやって知っていることは，患者が生きて考え続けており，明日の患者は今日の患者と同じではない——あるいは，セッションの最後には最初と同じではないという事実に，立ちはだかるからです。この点は，現実の実践では把握がひどく困難です——そして私はそれをここでお話ししようとしています。私は，精神分析や精神医学の理論にも他のどんな理論にも，それほど興味がありません。重要な点は，私が「本当のもの」と呼ぶもの，分析の実践，治療の実践，コミュニケーションの実践です。そこで生じる問いは，この患者にどう話すべきなのか，です。あなたはこの患者のことを，決して前に会ったことはないのに，昨日会ったので，会ったことがあると考えがちです。困難は次の点にあります。心や性格を扱っているとき，解剖学や生理学を扱っているときにそう見えるほど，境界はそれほど明瞭に付いていない，ということです。

　定着している言い方に再び頼ると，私たちは過去について，乳児期について，話すことができます。すなわち，乳児期に患者はこうこう感じた，これこれの外傷を受けた，それは云々の影響があった，と。これは，患者が直線状に発達していると考えるならば，非常に役に立ちます。誕生—結婚—死亡—ここに葬られ眠る，終わりです。しかし，あなたが明日会う患

者は，そんなふうではありません。あなたは，「誕生―結婚―死亡」という誰かには会いません。セッションの最初と最後の間に何が起きているのかを理解することは，実に極めて困難です。その一つの理由は，雑音が耳をつんざくばかりだから，私たちが聴覚装置を通じて絶えず浴びせられている情報が，耳をつんざくばかりだからです。あなたは自分の歴史について，患者の歴史について，精神分析，医学，生理学，音楽，絵画などについて，あまりにも知っているため，私たちが本当に観察している――あるいは観察することを欲しているこの「もの」を探知することが，非常に難しいのです。これが，知っていることを「忘れる」こと，欲することを「忘れる」こと，欲望や予期そして記憶も取り除くことの方が簡単だと私が思う一つの理由です。それによって，こうした微かな，大量の雑音の中に埋もれた音を聞く機会が生まれるのです。私の想像では，新生児さえこれをしなければなりません。新生児は目を開くと，その視力装置によって突然大量の事実を提示されるので，そこで何らかの選択をしなければなりません。このことは，私たちの観点から見て私たちにも当てはまります。

　フロイトは，想像に耽らずに事実に密着することが，いかに重要かを指摘しました。私はそれに全面的に賛成します――そして絶えずそれに反することをしています。私はスーパーヴィジョンでは人々に言います，「いいですか――患者といるときには，自分の言うことに注意深くする必要があります。もちろんあなたは正確な解釈を与えるべきですが，ここでは違います――スーパーヴィジョンでは，あなたの想像力を少し働かせていただきたいと思います。だから，何でも言ってください，どう愚かしく，馬鹿げていて，くだらなく，筋が通っていなくても。それから，あなたが言った後で，次の点に取り掛かりましょう――『その証拠は何か？』――などに。しかしそれまでは，そのすべてを削除して，想像するものに専念してください――思弁的な想像力，思弁的な推論に」。私はこれへの反対を知っています。曰く，好きに何でも想像してよいと言うが，もちろん，理屈はいくらでもあってイバラのように生えて来る，と。あなたが真実の眠れる森の美女を探し求めているのならば，困難はこうしたあらゆるイバラを切り払って自分の道を開くことにあります。しかし，私がただ「あなた

の想像力を働かせてください」と言うだけで十分に，残りの時間は沈黙だろうとほぼ確信します――誰も敢えて話そうとしません，なぜなら誰もが，彼らに正しい解釈を伝えるか，正しいことをするかしようと，待ち構えて歩き回っている精神科医がいると信じているからです――それはおそらく，彼らを精神科病院に閉じ込めるか，何らかの仕方で束縛するためです。その結果，彼らの想像力は衰え，私なら「不妊」と呼ぶものになります。

あなたが自分の患者についてできることをすべて忘れてしまったとき――患者はあなたが思い出すように全力を尽くすでしょう――，そこであなたは，知識のこの際立った中断(セズーラ)，諸事実を貫き通す機会が，そして見聞きするのがこれほど困難なこうした非常に小さな事象を聞く機会が，あるかもしれません。言い換えれば――言語のかなり隠喩的な使い方に頼ると――考えの萌芽(アイデア)の成長を観察する機会を自分自身に与えるのです。この芽は，分節言語で表現できる考え(アイデア)としての形にまとまるまでは，確かに非常に奇妙に見えるかもしれません。

私は自分の患者が，彼に動員できる限りの言語を何であろうと用いたならば，非常にうれしく思うでしょう――私がその言語を理解する能力があれば，ですが。例えば，もし私が患者に「昨夜あなたは，どこに行って何を見ましたか？」と言うと，彼は，ベッドに行って寝た，とあくまで言い張りたがるかもしれません［第6セミナーも参照］。私は言います。「あなたが自分の身体で何をしたとしても気にしません。あなたは，どこに行って何を見ましたか？」おそらく，非常に良い芸術家である人は，「お見せしましょう」と言えて，その観念(アイデア)に基づいて線を1枚の紙の上に引いて，それを私に見せることができるでしょう。その人に音楽の才能があったなら，紙の上に黒い印〔𝄽〕を付けて，それらを「四分休符〔crochet rest を crotchet rest に修正〕」あるいは楽譜上の音符と呼ぶことさえできるでしょう。私にはそれらは何も意味しませんが，楽譜を読むことができると私に請け合う人たちがいます。そして彼らがそう言うとき，彼らは雑音(ノイズ)を聞き取れると言わんとしています。信じ難いことですね。それは，私たちが扱わなければならない類の事象です――信じ難い事実です。それがこの仕事の魅力です。事実に到達できるには，信じることを多大に要します――

——どんなフィクションもそれには触れられません。

今言ったように、私に音楽が理解できたら大きな強みでしょうが、患者には、分節言語を使いこなす能力が限られている人と話さなければならないという制約があります。だから彼は大いに仕事をして、自分の知っていることを私に伝えなければなりません——すなわち、彼が昨夜どこに行って何を見たかをです。

Q：[聞き取れない]

ビオン：分析者の観点からは、あなたの前には誰かがいて、その人の解剖学と生理学はきわめて重要でありえます。あなたは「この患者は病気に見える」と考えるかもしれません。そしてそのことをもっと長く考えると、自分の心の中で、「病気に見える」によって何を意味しているのか、「病気の」人がどう見えるかを定義できるかもしれません。よい内科医は、「ああ、あの患者には悪液質性の潮紅がある」と言い、その時点で、その特定の潮紅が何を意味するかを、解釈することができます。内科医は通常、こうしたものを「診断」と呼びますが、実際には、それらは解釈です——彼らの五感によってもたらされた情報の解釈です。患者にどんな情報が彼らの五感によってもたらされるのかは分かりませんが、どんな情報があなたの五感によってあなたにもたらされるかは、それらの感覚が見たり聞いたり嗅いだりする機会があれば、知ることができます、やって来るものが何であろうと。それからあなたは、それらの感覚を超越して、その意味や起源を見出そうとすることができます。

これを非常に粗っぽく言うと、分析状況には、分析者、患者そして観察している第三者がいます——常に。だから、とにかく三人の人がいます。非常にしばしば、もっとずっと影のような他者たちがいます——親戚、夫、妻、父、母、子供たちです。これらの対象——私はわざと曖昧な言葉を使用します——は、影響力を行使します。だから、私は「伝聞証拠」と私が呼ぶもの、つまり言われているのを私が聞いた証拠を承知しており、それを非常に低くしか評価しません。それを評価するとしたら、私は患者が私

といる間に私の五感から得る証拠の価値が99で，残る1をそれ以外全部で分け合っている，と言えるでしょう。それ以外はそこまで順位が低いので，思い煩う価値がほとんどありません。私は，患者が私について聞いたり，言われたり，信じたりしている，あらゆる類のことを聞くことがありえますが，私が聞きたいのは，このあらゆる雑音に埋もれている何かです。

　内科医や外科医は，人体の中には両生動物段階のように，別の種の生命の痕跡の印があると考える胎生学者の知見を考慮に入れることに，よく慣れています。心はと言えば，それは類似のものだと私は思います。私ができれば気づきたいものは，痕跡，つまり或る人の心の中で存続することに成功した，残存物です。視覚と聴覚によって私にもたらされるあらゆる雑音と，医学・精神分析・絵画・音楽の大量の理論を含む，患者が言っていることの中のどこかに埋もれて，今でも作用している何かの痕跡があります。だから，患者が実際に現われて，同じ部屋に同じ時に2人がいるならば，こうした非常に微かな印かもしれないものを見る好機(チャンス)があります。そしておそらく，しばらくして，それらの印は一緒になってパターンを形成するでしょう。そしてそのパターン自体，あなたの得る印象を分節言語へとあなたが翻訳できる可能性のあるような形をとるでしょう。それは込み入っています，なぜなら，私たちは同時に，患者が理解できる何かを言えるようでありたいからです——そしてそれは非常に困難です。そもそも，自分自身が理解していることを明瞭にするのは困難です。なぜなら，頼らなければならないコミュニケーションの形式は質が劣化しており，非常に価値が切り下げられているので，何らかの意味を与えるほど言葉を十分に鋭利にするのは大変だからです。

　だから，2つの身体だけが部屋にいるように見えるのに対して，私たちはそのことを越えて，この——少なくとも——第三者を探知しなければならないと思います，それが探知しているものを探知しながら。分析者は，この第三者によって絶えず分析されています。しばらくして，あなたの運がよければ患者でさえ，その存在に気づくのに十分なほど，この第三者を感じさせられます。

Q：あなたが「少なくとも」第三者が，によって意味することを，詳しく述べていただければと思います。

ビオン：フロイトは，分析において必須なのは，エディプス状況を剝き出しにすることだと言いました。そこで彼は，三者の視覚像を言語的に変形することに頼っています。私はそれが十分だと思いません。人々は，全知と万能についても話します。あなたがそうするとき，あなたは更にもっと関係者を招き入れています。私は，**あなたが**とにかくこの第三者の存在の証拠を，それから第四あるいは第五などのものの証拠を持っているとはっきり確信しない限り，解釈を与えるのは筋が通ったことだとは思いません。

　メラニー・クラインは，乳幼児が対象を断片へと分裂させる，それから断片は排出されると言いました。彼女はこれを「万能的空想」として記述しました。しかし，患者が嫌な，不快な感覚すべてを，自分の能力に可能な限り取り除いてしまった状況がありえます。自分としては，この過程が誕生の前にさえ生じると考えて当然の理由があると感じています。そして患者は，自分が**決して意識したことのない**観念(アイデア)を持っていると言えるかのようです。もちろん，それはどうしようもないほど矛盾していますが，そこで私は，覚醒しているときの言語を──分節言語を用いなければならないのです。私はフロイトが夢の解釈について語る際，夢を見る患者は覚醒時と非常に異なると私なら考える心の状態において経験していたという事実を，本当に考慮しているとは思いません。したがって，患者があなたに意識的に伝える話は，昨夜起こったことについての**彼の**説ですが，彼はあまり知らないのです。私が思うに，意識と無意識の理論は──大変役に立つものであり，あらゆるこうしたもののように，ちょっと厄介なものになります。なぜなら，しばらくすると，他の知らないものを見ることができるのを邪魔するからです──自分自身の無知に立ちはだかるので，結果として，かつて意識されたことがない観念(アイデア)のこの領域を探究する好機も，人が白日の下で油断なくあなたに話しあなたは油断なく傾聴しているときには利用できない心のこの状態を探究する好機も，ごく僅かしかありません。私たちが起こりつつあることについての私たち自身の知識と経験へと貫通

できるには，難題があります。それは，この種の隔膜，中間休止(セズーラ)，すなわち私たちが通過できないけれども，完全に意識的ではっきりと覚醒しているときには通常利用できない印象を利用できるようにするもののためです。それは，私が前にベータ要素およびアルファ要素と呼んだものを考慮することには多くの長所があると私が考える，もう一つの理由です。しかしそれらは心理学的ではありません。なぜなら，私はそれらを，私が知らないし決して知ることがない何かのために取ってあるからです。私は，ある種の物理的＝身体的な対応物を仮定しています。しかしそれが実際に意識的になるとき，それは幾らか空想的で理論的な構築物になると私は思います——思弁的想像力，思弁的推論です。

Q： ある観念(アイデア)の萌芽 germ は，患者，分析者，関係のどれに根差しているのでしょうか。

ビオン： それは関係の中にあります，しかしそれを転移と逆転移として語ることは，極めて不十分だと私は思います。なぜなら，それらは役に立つ理論ではありますが，妨げになるからです。2人の人が部屋にいるとき，速やかに存在するようになる何かがあります——その1人は被分析者になろうと欲し，もう1人は分析者になろうと欲しています。だから考えの萌芽は，実際には両方に属します。もちろん，これは生理学的な性の中でさえ，きっと子供の発生 germination に当てはまるだろうと言いたくなります。しかしその2人の人たちが，一体になる2つの心——単なる生理学的な対象である，性交している男性と女性ではなく——だったならば，事態は全く異なると私は思います。それが単に，2つの身体——ペニスとヴァギナ——が一体になるという問題のときに生まれるものとは，文字通りにも隠喩的にも，異なる何かが生まれます。分析では，通常身体接触はありませんが，それと類似したものが起きます。好機があれば，観念(アイデア)が誕生するのです。私は人々にこう伝えようとしてきました。たまたまあなたの患者がどれほど難しく，どれほど扱いにくく，どれほど邪魔になろうと，はっきりと理解すべき一つのこともあります。なぜなら，あなたがはっきり

と理解するにつれて，ますます役に立つようになるからです——それは，あなたがいかなる時にも得る見込みのある最も優れた協力者は，あなたのスーパーヴァイザーでも教師でもセカンドオピニオンを尋ねる誰かでもなく，あなたの患者だということです。あなたは，あれほど敵対的で否定的で非協力的に見えるこの人物から，本当の協力を得るでしょう。そのありったけの悪態と敵意は簡単に溢れ返り，情報が多過ぎてそれを越えて進めません。反対に，あなたが疲れていれば特に，頭に数々の理論が殺到します。そこでは，分節言語のように聞こえても，実際には雑音，ジャーゴンに過ぎなくなります。患者が，自分が影響下にある精神分析諸理論の洪水の意味を掘り出せると期待するのは，あまり公平ではありません。それはもちろん2人の間の共同作業であり，分析的な交わりには，魅了する何かがあります。2人の間で，確かに彼らは考え(アイデア)を生み出すようであり，おそらく，それに慣れれば，それを解釈か何らかの言語的構築へと変えることができます。患者はますますそれに上達し，2人のペアが幸運ならば，分析は重複した不必要なものとなり，彼らは別れて各々の道を進むことができます。

　私は，作曲家になった人を分析した経験はありませんが，患者が自分に実際には作曲家や画家の能力があると気づくべきではない理由は，どこにもないでしょう。それらは，当の人が自分の観念(アイデア)に，それらしい仕方で芽を出すことを許容したら生まれるかもしれないものです。残念ながらそれは，そう聞こえるよりも遥かに困難です。私たちがどれほど患者に，自分自身の言葉でそれを言ってほしくてたまらないかは驚くほどです。しかし，いずれにせよそれは，患者のコミュニケーションの方法ではないかもしれません——彼が，線画や描画や作曲を習得していることはありそうです。そのことは，分析の実際の実践を難しくします。つまり，あなたは傾聴し観察しようとしていますが，間違った箇所でそれを観察しているかもしれません。その場合，患者の中で胚芽が芽を出しているところを観察していません，なぜなら，あなたの心は間違った方向に焦点が合っているからです。

Q：あなたはこの観念(アイデア)の発生という過程を，どのように認識しますか？
その特徴は，あなたが直面する「雑音」とは全く別のものですね。それが起きているという感覚はどう得るのか，説明していただけますか。

ビオン：それは両眼視に似ていると思います。見えるものが自分自身の心と一体になる，焦点があります。それが状況についての自分自身の意識的な見方から，どう現れるのかは言い表すのが困難です。あなたは，「彼が言おうとしていることを知っている気がする」と感じ始めることがありえます。そしてしばらくすると，それがどんどん大きくなり，彼が言おうとしていることを自分は知っていると考えるのは正しい，とますます確信したところで，自分の解釈を与えることができます。これは，人が極めて意識的なときの言語的コミュニケーションで，私ができる限り近く，それを表したものです。フロイトは，「寛いだ注意」の状態にあることについて語っています。私はもちろんそれが正しいと思いますが，そこにはこうした様々な理論・先入観と希望を，焦点が自らを示す好機があるように，忘れることも含まれていると思います。

実践では，あなたは自分が重圧を感じていることに気づくでしょう。あなたが言うことを何であろうとも言うと，状況は全く新しくなります。あなたには，何が起きているのかよく分かりません，なぜなら，それは全く新しい状況であり，物事は同じにはならないからです。患者が「何か言ってください」と言うのは，十分ありうることです。あるいは，患者でなければ，親戚が——「何かしてください」。だから，あなたは自分の考え(アイデア)を未熟で早熟に作り出すよう，常に重圧を受けています。かわいそうに！

考え(アイデア)を根から引き抜いて，見てみる——育つ機会はありません。だから，あなたは考えに対して，一種の両親のように振る舞わなければなりません——それを保護し，そうした重圧にもかかわらず育つ機会を与えなければなりません。そしてこの無知の状態に耐えられなければなりません。週末の休みやその他の休みに近づくと，あなたは何らかの結果を作り出すという重圧を受けます。私は「何らかの結果」と言いますが，あなたが本当に渇望しているのは華々しい治癒であり，本当に人に伝えられ，本当に提示

できるものです。

Q：そこに第三者や第三の声がいることと，自分の心に浮かぶ他の諸々とを，あなたはどのように識別しますか？　それがあなたと患者に聞こえる本当の第三の声かどうか，どのように感じ取りますか？

ビオン：私は，それが正しくないという印は，不安の感覚，調和していない感覚，物事が何か纏まらない感じだと思います。トルストイはアンドレイ王子が，「それが真実だ，受け入れよ——それが真実だ，受け入れよ」と言うのを語ります。確かな点があり，あるいは少なくとも不確かな点があり，そこで人は，何かがひらめいたのを感じます。しかしほとんどの場合，あなたはこの同調していない感じやそれが正しくない感じに耐えなければなりません。それを行なうのは困難です。なぜなら，解明の瞬間は極めて稀であり，滅多にないからです。私は，患者に例えば5，6年会うと，解明の瞬間がおそらく3回あったかもしれないと考えて，自らを慰めます——そして3回は十分です。私は本来の解明，本当のものについて話しています。合理的に受け入れられる合理的な説明は，山のようにあります。それについては，何の苦労もありません。「正確な」解釈と呼ばれるかもしれないものは，何百万とあります。しかし，解明する状況こそ，本当に仕事をするものです。二人がそれに耐えられるならば，彼らはそれが起こるのに十分なほど長く，持ち堪えるかもしれません。

Q：心の本物の成長は，転移と逆転移の外にある何かであって，そこでは記憶と欲望が保留状態にあり，新しい考え，解明が，それらの変化にもかかわらず生じるのでしょうか？

ビオン：それらは，必ずしもいつも直接の関係の中で見分けられるとは限りませんが，時の経過とともに見分けられます。それが，獲得形質の遺伝といったものがあるところです。例えば，何物も，シェークスピアが存在した事実を完全に打ち消すことはないでしょう。今でさえ，ごく少数の

人たちは，シェークスピアの劇を読むことができます。私たちは，科白を解釈することを専門の役者たちに依存しており，そのおかげで，私たちは『十二夜』や『ジュリアス・シーザー』，『マクベス』を「観た」と言えます。アメリカでは，BBCの制作物は，非常に高く評価されています。俳優は実に素晴らしいと言われます。シェークスピア劇の上演を観ることは感動を引き起こす経験ですが，どれかを読む際には，私たちは慎重にして，あまり読めるという事実によって誤りに導かれるべきではありません——読めるだけでは不十分です。それでは，紙の上の黒い印と白い印が見えるから，楽譜を読めると言っているようなものです——それはできません。だから，シェークスピア劇を読むことを熱望する人たちは，その目的のために或る程度の量の訓練をして，それを読む最小限の条件を整えているべきです。

　シェークスピアは，「鳥の声までしわがれて，この城 battlements に足を踏み入れればダンカンはおしまいと告げている」[『マクベス』第1幕第5場[訳注9]] と書いています。長いと言える単語は一つだけ——銃眼付胸壁 battlements です。これらの単語を全部一緒にすると，今日あなたに働き掛ける言葉が得られます。それがどこから来るのか，私には分かりません——私はこれらのものに何が起こるのか，分かりません。私はミルトンによるアルペイオスへの言及を連想します。「戻れ，アルペイオスよ，恐ろしい声は去った……」[『リシダス』][訳注10] など。そこで彼は，地下を流れ，それから再び他の何処かでひょいと現れる川の直喩を用いています。それが何処で発生し，どういう結果になるかもしれないかは，神のみぞ知る，です。その種の野生(ワイルド)の語句は，時代を超えて伝わります。ある意味で私たちは，こうも言えます。「まあ，この国の国民のほとんどは，英語を話すので，それは当然至極の説明です」。確かに。私は全く単純で単刀直入で明白な説明を，否定したいとは思いません。しかし*私たち*が関わっているのは，他の説明です——もっと野生(ワイルド)なものです——それはもっと真実に近い可能性があります。それは，この国がなぜ一人のシェークスピアが登場

訳注9) マクベス夫人の科白：河合祥一郎訳。
訳注10) 第3セミナーも参照。

した以後，再び同じでは決してありえないかを説明するのを助けるでしょう。

　主眼点は，個人に関してもほとんど同じです。あなたは，「その男は誰だ？」と聞かれます。あなたは彼の名前を思い出せないし，あなたが話しかけている人も名前を思い出せません。それから少しして，あるいは別のときに，その名前を完璧によく知っていることに気づきます。観念(アイデア)もまた，心とパーソナリティをこのような仕方で通って自分の進路を辿ります。それを追跡するのは，極めて困難です。かつて一度も意識されて来なかったこれらの観念(アイデア)は，確かに漂っており，突き進むように見えます。それらはずっと後で，胎芽や胎児が実際に非常に複雑な人間になったときに，浮上します。だから，たとえ自分自身の考え(アイデア)でさえ，経過を追うことは困難です。誰でも，一定の考えの流れを追っていて何か激変によって脱線あるいは「経路から外れる」状況を，よく知っているに違いありません——「自分の考えの流れが分からなくなる」のは，同じ線路に沿って進むのを妨げる何か妨害が現れているからです。

Q：あなたは，観念(アイデア)がペアの間に生じることを指摘しました。集団については，どうでしょうか——例えば今ここの集団は？

ビオン：集団には，大きな強みがあります。すべてがＡからＺまでの一直線にある物語と比較して，集団は，アルファベット全体を散らばらせたようなものです。要するに，私たちの多くの間で私たちは，一個人では誰にも生み出し難い観念(アイデア)を結集させたり芽生えさせたりできるはずです。その理由から，大学や，例えばここのような施設には，多くの長所が言えます。但し，それはぎこちなくならざるを得ません。なぜなら，私たちはそれらを地理的に位置付けなければならないからです——私たちは「タヴィストック・センターで会ってください」と言わなければならず，そのようにして，それは地理的配置に依存しています。しかし，ある集団の実際のメンバーが広がりを持てれば持てるほど，思考のための基盤の数は大きくなります。リックマンがヨーク駅で会った兵卒について私に話したときに

私があれほど感銘を受けたのは，このためです。その兵卒は，ノースフィールドでの経験——リックマンと私がそこにいたとき〔1942年から43年の冬〕の，ノースフィールド実験——によって，彼は大学とは何かを実感したと言ったのです。私はたびたび，14歳以後全く教育の機会がなかったその男性が大学とは何かを知っていたと感じることがありました。もう一方で私は，私やオクスフォードの同期生たちの多くが，卒業する時点でさえそれを知っていたかどうか，大いに疑問に思っています。水泳の青章〔代表選手の印〕，ラグビーの青章，古典で最下位，人文学課程試験で第一級などなど一式得られはしますが，それらはどれも，大学とは何かを学んだことに比較すれば，すべて的外れです。私たちには精神の栄養物が豊富にありました——あまりに多くて，実際，私たちは主要点を見逃したのだと思います。

Q：彼は厳密には何を学び，何が彼に自分は大学とは何かを知っていると思わせたのでしょうか？

ビオン：もしも彼がそれを厳密に学んだと考えたならば，私は彼が何も学ばなかったと考えたくなるところだったでしょう。数学についての難しさの一つは，何かを「厳密に exactly」学んだという錯覚をそれが与えることです。私は，もっと多くの学ばれるべきものがあると直観主義者たちが示唆しているのは，正しいと思います。ケインズは，今日までかなりうまく持ち堪えている，経済学についての使い物になる考え〔アイデア〕を生み出しましたが，彼ほど鋭い人が蓋然性〔probability 確率〕の理論について書くことへと活動を広げたのは，驚くべきことです。**私たちは蓋然性について，他の誰よりも多くの言うことがあって当然です。**私たちが思弁的推論や思弁的想像力を扱っているとき，私たちの唯一の正当化は，「これは厳密な科学ではない。それは厳密には何でもない」という弁明です。私たちはこれによって，確実性を導入していると言えますが，この，事実となるには十分な証拠が全然ない特定の領域では，蓋然性に訴えます——これこれが起こるだろうということは，**確かそう probable** である——そして私たちは

それに満足しなければなりません。私たちは確実性を，他の人たちに委ねなければなりません。そして彼らが確実性にうんざりしたとき，彼らは蓋然性についてもう少し知りたいと思うでしょう。

Q：私は，極めて正確な accurate 患者と長年経験してきたことを思い起こします。彼は機械には非常に熟達していますが，人々とはそうではありません。今日，彼はこう言って私を驚かせました。彼の妻は八百屋に行って，12人の人の夕食パーティのために何ポンドのジャガイモを買うべきか，尋ねました。患者は妻がこの質問をしたことに，とても怒りました。なぜなら，彼の意見では，それには決して答えがありえないからです。セッションの終わりに部屋を去るとき，彼は言いました。「私には分かりません――あなたは50分経ったと言いますが，10分しか経っていないことは確かです」。

ビオン：私たちは，時間と空間が測定できるという考えに慣れています。測定のための器具は，時計からウィルソン山頂の200インチの望遠鏡[訳注11]まで，土台が非常に大きな電波望遠鏡まで，さまざまあります。こうした機械による助力は，私たちの日常の目的に非常に役立ちます。しかし私たちが分析を始めるときに近づいて行く領域にそれらがどれほど当てはまるかは，私には分かりません。或る日メラニー・クラインは私に，「最も深い分析によってでさえ，私たちは表面を引っ掻くことしかできない」と言いました。彼女は大体正しかったです。私たちが自分自身をできるだけ緻密に precise 表そうとすると，それは教条的に見えるかもしれませんが，私たちが表したいのは教条主義ではありません。私たちは単に，言語を可能な限りの厳密さで使おうとしているだけです。なぜなら，私たちが言葉の使用に関してきちんと一定ならば，言わんとしていることが他の誰かにとって理解しやすいからであり――あるいは私が以前に言ったように，その人が私たちの語彙を学ぶことができるならば，やはりそうだからです。

訳注11）正確には，200インチの望遠鏡は，150km南に離れたパロマー山にあり，ウィルソン山天文台にあるフッカー望遠鏡は100インチである。

Q：私は，或る経験が終わるとき——ノースフィールドの兵士のものや，分析の経験のように——私たちには，観念(アイデア)が，静けさの中であなたが述べている「雑音」から独立して振り返る経験が残されると考えてきました。おそらく，分析期間中に分析者がいないとき——週末，休暇——の時間も，非常に重要です。その点について，あなたのお考えをお聞かせください。

ビオン：そこが，それについて最も重要なことです——つまり，観念(アイデア)の実際の発生です。しかし私は，このことは分析の中でも当てはまると思います。人々は，あたかも人間の性格や実際の人が論理的かつ合理的に振る舞うと考えているかのように語っていることが多いように見えます。しかし本当に重要な事柄を調べると，人は分析者に理解できる仕方で振る舞っています——それは，彼らが普通の社交の法則，文法の法則，分節言語の法則に従っているならば，ごくありうることです。しかし，単なる人間存在に何かが理解できるという事実は，だから私たちが存在する宇宙が人間の文法や推論・論理の法則に従うと信じることを正当化しません。私たちは，結局のところ，或る特定の星雲の幾分周辺的な位置を占めている普通の星の周りを（天文学者によれば）回っている地球の，取るに足らない場所の上に住む，短命の生き物です。だから，宇宙は私たちに理解できるようになる方法で諸法則に従っているという考えは，全くのナンセンスです。それは私には，万能または全知の表現であるように見えます。このため，天文学者たちが今や，物理学と化学の通常の法則の当てはまらないブラックホールを発見したことは，非常に印象深いことです。彼らは，2つの穴を発見しました——私たちの知る限り，全宇宙で2つです。

第3セミナー

1977年7月5日

Q：あなたは昨日，5年間の分析における3つの瞬間での解明に触れました。私がお尋ねしたいのは，その合間には，分析者は何をしていたのかということです。彼は何かを言わなければならなかったと私は思います。問題は，解明が到来する瞬間をどのようにして育成し，妨げないかであるように見えます。

ビオン：最も単純な答えを言えば，分析者は分析しています。しかしもちろん，それは単に一般的な言明です。その細部の話となると，それは答えるのがはるかに難しくなる問いです。私はずっと前に，「分析者は一体，話す以外のことをするのですか？」と聞かれたことを思い出します。私は，「ええ，沈黙を守ります」と言いました。私は音楽が譜面に記されるのと同じように「休止」を表記して，それを書き記すことには，多くの長所があるだろうと思います。それの演奏速度を表記することさえできます。事実，どのコミュニケーションにも適切な量の時間が必要であり，そうでなければ解明はいずれにせよ，生じることができません。

　私が解明を大いにもたらすと思った本を挙げましょう——マッテ・ブランコの『無限集合としての無意識』[訳注12]です。それは読むのが大変な本です。事実，あなた方が最初それを手にするとき，「こういうものを読む時

訳注12) Matte Ignatio Blanco. The Unconscious as Infinite Sets: An Essay in Bi-logic, Gerald Dutchworth & Co. Ltd., 1975. Maresfield Library, 1980. Karnac Books, 1998.

間はない」と思うでしょう。なぜなら，きわめて明らかにそれは，理論に次ぐ理論で溢れ返ったものであるか，本当に意味があるかのどちらかだからです。後者の場合，読むのに大変な時間を使う必要があります。ある特定の本を読むのに要する時間の見当がつくように，例えば「時速120ページ」とか「時速9ページ」とか表示するのは便利でしょう。

　解明と私が呼んだものは，非常に稀な出来事ですが，それは前もって費やされた時間の中で築き上げられ，どの分析的経験の範囲をも遥かに超えて広がっています。人によっては人生について既に非常に多くを知っているので，彼らは理解する立場にいます。第一次世界大戦中に陸軍に入った時，私は教練やそういった類のあらゆるものを学ぼうと努力しました。そして将校として官報に掲載された時には，自分が兵士であると本当に思いました。しかし，私はそれに関して最初にすべきことも知らないことを悟りました。そして戦闘を目にすればするほど，自分が実にごく僅かしかそれについて知らないことが，明白になりました——そして最後まで，そうでした。私が全くの無知によって殺されることなく，抜け出たのはとても幸運でした。

　ですから，途中では何が起きているのかというこの問題全体は，多くの論議を要します——ここでの３日間で可能なよりも遥かに多くをです。私は，お話するたびにもう少し付け加えたいと思います。しかし，ぜひとも，また質問をしてください。尋ね続けるのです。私はブランショからの引用を思い起こします。これはアンドレ・グリーンから聞きました。「La réponse est le malheur de la question〔答えは，問いの不幸な出来事である〕」（私はこれを，「答えは問いの病気あるいは災難である」と訳し，彼はそれに賛成しました）。［第１セミナーも参照］。言いかえれば，**それこそ好奇心を殺すものです**。問いが答えられるとき，それが何度も起こるのを容認されれば，好奇心はそれで終わります。不幸にも，子供時代の全体は，問いが答えられることで占められています——あなた方は，ごく早期から「子供は見ておけばよく，話を聞く必要はない」のような定義づけを聞きます。そして，あなた方は十分に聡明なので，口を開けばそこに入れられるかもしれないもののために，口を閉ざしておくことを早くから学び

ます。

　多くの精神分析の解釈のような，一種の心的な答えを与えることは簡単でも，思考に関してさえ一種の双方向のやり取りが実在するようだと言うのは，実際にははるかにもっと困難です。ですから，人が早期から経験していてとても飲み干したがる，一種の心的な栄養は，どのような類の解明に対しても，防塞を築くようになります——もちろん，たまたま私のように有害な存在の一人でなければ，ですが。私はいつも非常に多くの質問をしていたので，8歳になる頃にさえ，ばか(ジョーク)という評判でした。ワニに質問をした「ぞうくん」に振り掛かったことが起きて，私は答えを押しつけられました［ラドヤード・キプリング『ぞうくん』"The Elephant's Child"］訳注13)。

Q：もしも成人の患者が，自分の感情を表すために言語的なコミュニケーションを使おうとせずむしろ絵をいくつか持って来たとしたら，あなたはどうされるのだろうかと思います。

ビオン：もちろん私は最善を尽くしてそれらをよく見て，患者がそれらについておよそ私に伝えることができるもの何でもを聞くようにします。それはコミュニケーションの一形式であり，告げられることすべてを聞き取ることができる必要があります。それがたとえ沈黙のコミュニケーションであってもです——「休止」でさえ聞きとられるべきです。誰かが自分のコミュニケーションに基づいて線を引いたとき，何を意味しているのかをそれから推測するように見ることができると，非常に役立ちます。それを誇張させてもらうと，レオナルドによる聖母マリアと洗礼者ヨハネのスケッチを見る機会があると想定します。非常に天分のある人は，「やがて朽

訳注13)「ゾウくん」は，質問をしては大人から叩かれている。ある時，ワニは何を食べるのか知りたくて，コロコロ鳥に聞いたとおりに旅に出る。遂にワニに会うと，鼻を噛まれて食べられそうになる。彼が何とか踏ん張って逃げたときには，鼻が伸びてしまっている——という話。但し，伸びた鼻は便利で，彼はそれをさまざまなことに使えることを学ぶ。大人も彼を叩かなくなり，彼に倣って鼻を伸ばしに行く——という話でもある。

ち行く目には見えないものを見て語る」[ミルトン『失楽園』第3巻]こ
とができます。これは宗教画で何度も起こることで，国立絵画館(ナショナルギャラリー)に行けば
いつでも見られます。その画家は何かを最高の鮮明さで見て，それを油と
絵具とカンヴァスによるコミュニケーションへと転換できました。

　犬にウサギの写真を見せたとしても，それを嗅いで食べられないと分か
ったら，犬はいかなる意味でも興味を持たないでしょう。しかし，犬にウ
サギの映画を見せると，犬は本当に興奮するでしょう——動いているもの
を見て，それを追いかけたくなるのです。犬は，目に入るものを行動へと
翻訳します。私は自分の患者たちに映画を見せられません。私は言葉によ
るコミュニケーションに頼らなければなりません。ウサギの映画を追う犬
というアイデアに今したように，絵画的なイメージの言語対応物に訴える
こともあります。それは，視覚的な場面を言葉で記述する試みであり，人
がしなければならない類の変形の典型です。

　ここでの私たちの会合について考えると，非常に多くの思考が，私たち
に見えなくても，言い表されていないかもしれなくても，存在するに違い
ありません。しかし私たちみなに関する限り，私たちは自分の心を受容的
にしておけると想像できることは，役立ちます。私は特に，思考する者を
探してあちこちを漂っていると私が見做す，野生の観念(アイデア)と彷徨う思考のこ
とを考えています。しかしもちろんそれは，私たちが思考や観念(アイデア)を，それ
がどういう形式をとってもどれほどワイルドであっても受容する用意があ
ることを意味します。私は，「乱暴(ワイルド)な分析」として知られてきたものを擁
護しているのではありません。私はいつかその点に戻ることを望みます。

　ヴァレリーはこう書きました。「詩人とはもはや髪を振り乱す錯乱家で
も，ひとつの詩篇を熱に浮かされた一夜ですっかり書きあげてしまう人で
もない。それは，鋭敏になった夢想家に仕える冷徹な学者であり，ほとん
ど代数学者と言ってよい」[訳注14)] ["Ce n'est plus le délirant échevelé, celui
qui écrit tout un poème dans une nuit de fièvre, c'est un froid savant,
presque an algébriste, au service d'un rêveur affiné" ——Paul Ambroise

---

訳注14)「文学の技術について」田上竜也／森本淳生編『ヴァレリー集成Ⅲ』p. 213。

Valéry（1871-1945)］。つまり，この人物は，どれほど冷徹であろうと，どれほど抽象的に思考する者であろうと，夢見る人に仕えなければなりません。

夢は，フロイトの理論にも他の誰かの理論にも従いません。理論はたくさんあります。人類の歴史には，夢について数多くの理論がありました。だから私たちは夢に，存在する権利さえ認めなくなるほど，狭量であるべきではありません——文字通りにであれ隠喩的にであれ，夢という言葉のどんな意味ででも。そしてもし幾何学的でありたければ，少なくともそれはアフィン幾何学——つまり夢と類似性(アフィニティ)のあるものでなければなりません。

患者が，自分は夢を見ないと言うとき，本当に重要な問いはこうです。「そうですか，ではあなたは一体何をしますか？」。彼はもちろん何かをします。そしてもし彼がぐっすりと寝たと言うなら，非常に説得力があるように聞こえませんか？ しかし，彼はどうやって自分がぐっすりと眠ったことを知っているのでしょうか。誰が目を覚ましたのか。あるいは，何が目を覚ましたのか。この「ぐっすりと眠る」という観念(アイデア)は，どこからやって来たのか。もしそれが患者に由来するのではないなら，分析者に由来するのか。つまるところ精神分析では，2人の人が部屋の中にいます。ここには，2人の人は居なくて，1人の人間のあらゆる年齢とあらゆる時期の全体が一度に，1つの部屋に広がっているかのようです。

私が特にこの点について言及するのは，何人かの人たちが集団に関心を持っているのを知っているからです。しかし私は特にそのことを考えてはいませんでした。私は今の点を，本当に私をとても当惑させている事柄を考察する方法として考えていました。そうした観念(アイデア)は，2人の人たちが部屋に一緒にいるとき，どこから来るのか。それについては，たくさんの理論——転移，逆転移——があります。しかし私は，そうした理論の有用性がまさに，それらを不要にしたのではないかと思います。また，その主題全体は，既に制定された実在する境界に，宗教的・教義的に，偏狭な心持ちで固執した場合に見えるよりも，はるかに境界を広げて開かれうるものです——フロイトが規定したとされていますが，すべてがそうではありません。それは，心をその所持品から解放する可能性として始まるけれども，

非常に急速に殻，外骨格になるような状況の一つです。そうなると，骨格の中にその内側の生き物が更に発達する余地が残されていない限り，どのような発達も生じるのは困難です。

　私たちは果てしなくこの問題を扱い続けています。私たちの知見を表現あるいは定式化しようと——私がここで行なおうとしているように——すると，私たちはその知見の周りに一種の殻を排泄します。それは，私たちが突き抜けることも脱出することもできない，知識の層です。そして私たちはすぐに，「まあ，誰かに議論を持ち掛けられたくはない，何か言われて，改めて考えなければいけなくなるかもしれないから」と考えるに至ります。自分たちは疑問を持たれることがありえず，入り込ませない殻である権威の一種を確立していると感じる方が，はるかに快いものです。私たちはその内側でゆったりと横になり，ただ退廃するのです。

Q：私は，Oに関する質問をしたいと思います。私たちがOを決して知ることができず，Oになることができるのみであるのは，理解できます。そのことは，解明の瞬間には分析者にとって，あるいは患者にとって，どのような経験でしょうか。

ビオン：私は，私が知らないけれども述べたいことがあると想定することが，有益であると思っています。そこで私はそれをOやゼロ・無によって，何かがあるけれども，私がいつか理解しそうにはほとんどない場所の一種として，表現できます。私は，自分が獲得したそのような知識と，自分が保持してきた知識を更に集めるための能力からしか，進み続けられません。その限りで，人はいずれにせよ，自分の五感——触覚，視覚，聴覚などがもたらす情報の囚人だと思います。但し私は，自分の五感が受け入れるもの以外は存在しないと想定するのは，良いことだと思いません——それはほとんど馬鹿げたことに等しくなると思われます。私たちがヒトという動物として，本当に知識や経験において，あるいは発達においてさえ，究極に達したと想定することは，私には想像できません。私たちが達していることはありえます。私たちの類人猿の祖先が私たちにとって強力すぎて，

策略を学ぶための類人猿の能力が，知恵を得るための私たちの能力を遥かに超えていることはありえます。

あなた方に『シラの書』からの引用を思い出していただきます。「学者の知恵は，余暇があって初めて得られる。実務に煩わされない人は，知恵ある者となる」〔旧約聖書続編・シラの書38章24節，新共同訳〕〔改訂標準訳（RSV-CE）では "The wisdom of the scribe depends on the opportunity of leisure; and he who has little business may become wise."〕。私は，新英語聖書〔the New English Bible, 1970〕の英訳〔"A scholar's wisdom comes of ample leisure; if a man is to be wise he must be relieved of other tasks"〕の方が良いと思います。それはもっと明解になっています。この人は，知識の獲得に必要とされる訓練を経験していなければなりません。その後に，知恵の可能性があります。しかしそれさえ，余暇の機会に依存しています。だから，余暇のための準備をすることには，言い尽くせない意義があります。余暇では，そうした野生(ワイルド)の観念(アイデア)，愚かな観念(アイデア)，馬鹿げた観念(アイデア)が，芽生える機会を持つことができます，その結果生まれるのは怪物だと，あなたがどれだけ信じていようと。ほとんどの人たちは，もしも自分の心を自由にしたら，何か本当にひどいことを言ってしまうだろうと確信しています。「いや，それはありえません，**もっと悪い**ものになるに決まっています」と言うのは，全くの誤りでしょう。なぜなら，私はそう思いませんので。結局，ニュルンベルク大会〔ナチス党大会〕は，実に並外れた組織化と達成でした。彼らが非常に知的な人たちであることには，何ら疑問はありません。彼らが賢明だったかどうかは，別の問題です。彼らに対立する以外に，分かる方法はないのでしょうか——「寄せくる怒涛の苦難に敢然と立ちむかい take arms，闘ってそれに終止符をうつ」〔ハムレット，第3幕第1場〕[訳注15]。

『バガバッド・ギーター』[訳注16]には，クリシュナとアルジュナの間の討論の記述があります。アルジュナは武器を捨てて，戦うつもりはないと言います。彼は多くの友人と彼が愛し敬服している多くの人たちを含む敵

訳注15）小田島雄志訳。有名な "To be, or not to be" に続く一節の句。
訳注16）バラモン的要素を含む宗教哲学詩。

に面して，彼らと戦おうとしません。『バガバッド・ギーター』の存在を知りさえする遥か前から，私は戦闘の前に，友人のうちの3人と討論したことを覚えています。その時の問いは，われわれは戦うべきか，戦うべきではないか，でした。われわれは司令官のところに行って，われわれは辞める，戦いはわれわれの良心に反する，と言うべきか。4人いた私たちのうち，私がその戦闘行為での唯一の生存者でした。私は，誰か3人のうちで1人も戦闘行為の終わりに死んでいないという戦いを，決して知りませんでした。それが，本当に「武器を取ら take arms」ざるをえないならば支払わなければならない性質の対価だったと考えるのは，異様なことです。別の言い方をすれば，それがニュルンベルク大会の非常に有能な組織と，英国陸軍・海軍および空軍の信じ難いほど不手際な組織に見えたものが問題のときには，ニュルンベルク大会やプロイセンの衛兵などの組織の優位性について，私は何の疑問もありません。それは私には，善と悪の間の区別の問題に見えます。対立以外には，その問題はどう解決されることがあるのでしょうか。

　この種の問題について話すことの利点は，良い医師が結核性疾患の広がりを探知するためにリンパ系の枝分かれを意識できるように，ある観念(アイデア)が共同体を通るのを辿れるだろうと想像できることです。同じように，集団の中の観念(アイデア)の経過を辿って，どのように思考や観念(アイデア)が共同体の中を広がるかを見出すことができるかもしれません。

　これらの野生(ワイルド)の観念(アイデア)に関しては——それを敢えて抱くなら——しばらくすると，それに何かが起こって姿を現し，「思弁的想像」や「思弁的推論」のような名前を与えられるようになります。そして名札を付けることができます。あるいは，「不安」「怖い」「恐ろしい」と感じると言うことができます——自分が得た特定の感覚や観念(アイデア)に付けるレッテルとして用いられる，幾つかの単純な言葉です。

　そこでまた，絵画的にそれを把握することができます。「戻れ，アルペイオスよ，汝の流れを怯えさせた恐ろしい声は去った……」[訳注17]　[第2セ

訳注17）ミルトン『リシダス』132–133行。アルペイオスはアルカディアの川の女神。詩は，海難事故のために25歳で亡くなった学友を追悼して書かれた。

ミナーを参照]。ミルトンは，川が地下を流れ，それから他の何処かで顔を出すさまを述べています。それは，極めて異なる場所場所に再び現われる，同一の川として有名になりました。

　不運にも私たちは『リシダス』のような詩を，読んだか教えられたと思うように，教育されています。しかし，そう考えてしまうと，このケンブリッジの大学生による驚くべき仕業を目にする見込みはありません。彼は，自分の中に現れたこうした思考や観念(アイデア)を，私たちが300年後の今も引用までできるような言葉の形で述べることができました。あなた方が今日の患者に明日会うとき，誰に会っているのか。何と接触しているのか。それはいつ，どこで，どのように生まれたのでしょうか。

Q：なぜ思弁的な推論や想像の結果が，時には曖昧に，時には混乱しているように見えるのか，お話していただけますか。

ビオン：それは，一部には答えに，一部には誰あるいは何がそれを聞くのかに依ります。言明を定式化することについてのこの問題は，つねにあります，それがどうなされようと――絵画や楽曲によってであれ，分節言語によってであれ。また，受容器の問題と，その受容器が十分に成熟していて，もたらされる情報に耐えられるかどうかということもあります。例えば，「無限の諸空間が私を畏怖させる」[パスカル『パンセ』iii. 206「この無限の諸空間の沈黙が私を畏怖させる」("Le silence eternel de ces espaces infinis m'effraie")訳注18)]〔原書の＊は対応箇所なく削除〕。あの言明は非常にはっきりと，天体空間を意識することの恐ろしい性質を表しています。見る能力の限界のために，私たちは現在のところ天体空間についてあまり気にしません。私たちは，注意を引きつけられる空間が，自分自身が占めている空間ならば，多少は確かに神経質で落ち着かなくなります。私たちは既にそれを所有しており，他のどこか――過去か未来あるいは現在――からの力や思考の侵入によって掻き乱されたくありません。私

訳注18) ビオンはこの一句を，『変形』(1965)の末尾では原文通り引用している。

たち自身の知識体系のシステムが無傷で侵入できないままでいるように防衛機制を築くこの傾向は，つねにあります。それで，恐竜の被甲のような殻が発達します。それは重くなり過ぎて，恐竜は歩けなくなります。その被甲は，ステゴサウルスに対する成功した反応に見えますが，その二者とも，絶滅して終わります——絶滅とはもちろん，私たちが未だに心的恐竜を持っていなければ，のことです。

　観念(アイデア)が自分の道をアルペイオスのように，見られず，聞かれず，気づかれずに進み，どこへ到達するのかという問題に戻ります。私たちは十分に訓練されないのか，それとも，私たちは電子顕微鏡に対応するものを発明する技術を持っておらず，装置がないので，私たちの五感と常識〔commonsense 共通感覚〕に頼らなければならないのか。私たちの知覚力を増強できるような装置を実際に持っているときでさえ，私たちはまた装置を身にまといます。だから，患者が診察を受けに行くとき，医者は「よろしい——X線をどうぞ，心電図と血算を」などと言い，彼らは検査室へと向かいます。だから私たちは，「答え」がコンピューターの手の中にある段階へと至ります。つまり，検査結果を突っ込むと，診断が飛び出します。それが長い間続くと，ちょっと運がよければ，私たちは心を全く必要としなくなるでしょう。そして具合の悪い点はもうないでしょう。「答えは問いの不幸な出来事である」——それが最終的に好奇心を殺すものです。「知ってます。知ってます。知ってます」と何度も何度も聞かされるのは，執拗な嫌がらせです。それは，「つまりー」とか「あのー」のような神経性チックであって，無意識ではありません。それは現代版の無意識のようなものであり，いつでも築くことができる——「知ってます」「あのー」「つまりー」——壁のようなレンガとモルタル製の装置を持つことによって，無意識をなしで済ます方法の一種です。これはいつまでも続けられます，なぜなら，考える必要がないからです。あなた方が患者に何かを言おうと努めている分析者ならば，難しい仕事があなた方にはあります。

　視界を少し広げると，「最後に通る者がメニンゲートを閉める」——メニンゲートは何処にもありませんでした[訳注19]。あるいは，「イギリス兵士の死骸で城壁を立てよ」[訳注20]——それの別の言い方です。だから，穴を塞

ぐための死んだ思考や死んだ言い回しを補給し続けることができるのです，自分の少しの持ち合わせの知識を掻き乱されないでおくために。

　天文学者の仕事に関しては，1054年の蟹星雲の爆発によって起こされた波の影響を私たちが今受けつつあるとしましょう。そうしたことが言われたら，そのうち天文学者たちは，非常に評判が悪くなるでしょう。なぜなら，私たちを動揺させ怖がらせるからです。今のところ人々を動揺させているのは，「あなたには手術が必要だと思います」とか「あなたは分析を受けた方がいいでしょう」と言う，医師や精神分析者やそのような人たちだけです。

Q：あなたは私たちに野生（ワイルド）の観念（アイデア）を抱くように促していますが，この部屋にいる人たちの反応は，質問の言い表し方が飼い慣らされたように非常におとなしいものだったことを，私はますます意識しています。

ビオン：野生（ワイルド）の観念（アイデア）に表現を与えるのは，非常に難しいことです。人々が何とかしてワイルドな理念を持つことに耐えられて，それが生長することを許容できるならば，それをもっとコミュニケーションできるものにした形で表せるかもしれません。『フィネガンズ・ウェイク』の中でジョイスは，その本を理解する言語や能力を獲得するためには，一生それを読んで過ごさなければならないだろうと言っています。私は，誰もそうしそうにないと思います。しかしそこで，こんな奇妙な効果が生まれます。すなわち，おそらく50年後には，人々は『フィネガンズ・ウェイク』を読むことがで

訳注19）メニンゲートは，1927年に除幕された第一次世界大戦英軍死者・行方不明者で墓のない54,896人の名を記した，凱旋門状の記念碑。ビオンが戦ったベルギー西部のイープルの，市から前線に向かう道の起点にある。"Tell the last man through to bolt the Menin Gate"（「最後に通る者に，メニンゲートを締めるように伝えよ」）は当時有名な文句だった。

訳注20）シェークスピア『ヘンリー五世』第3幕第1場に，王の科白として「もう一度，あの突破口から突き進め，もう一度！　さもなければ，イギリス兵士の死骸であの城壁を埋め尽くせ！」（Once more unto the breach, dear friends, once more; Or close the wall up with our English dead.）がある。

きるでしょう。起爆させているけれども表されていない野生の観念に何が起こったのか、私たちには言えません。しかしそれらは確かにコミュニケートされたのであり、この驚くべき効果を確かに得ているのです。それは、もしも純粋に物理的＝身体的だったならばメンデルの遺伝法則によって表されたかもしれません。しかし私の知る限り誰も、獲得された知識の遺伝法則を表したことがありませんが、それでも私は、それが起こると思います。

　あなたが触れた点の強みは、その種の集団ではおそらくあなたが述べているようなことが見られますが、ある観念がどのように共同体の中を通るかも見られることです。そしてそのことから、それを一種のモデルと見なすことができます。このモデルは、身体の物理的外皮によって区切られていると思われる、思考・観念・感情の全体であるこの非常に小さな共同体を用いて、観念がどのように個人の心の中を通るかを、私たちに教えてくれます。

[このセミナーは、これ以上記録されていない。約1時間分が見当たらない。]

第 4 セミナー

1978 年 7 月 3 日

マティ・ハリス：ここにおいでの皆さんのほとんどには，ビオン博士を紹介する必要がないと思います。彼が毎年この時期にしている一連の講演を続けていただけることは，大変な光栄であり，とても嬉しく思っています。それは私たちに，彼の進行中の思考と発展を共有する機会を与えてくれています――私たちができる限りで。彼は，質問がどれほど「野生(ワイルド)」であったとしても（前回，何人かの人たちが自分の質問をそう感じたように），いつでも話を中断してもらって全然構わないし，それどころか是非そうして欲しいことを私に重ねて強調して欲しいのだと思います。みなさんの中でこの経験がある人は，いつも意外な答えが返って来ることを知っているでしょう。それは非常に謎めいて見えるかもしれませんが，後になると，大いに解明をもたらすかもしれません――そして時には，信じられないほど明白です。

ビオン：私に非常に重要に見えて，日々重要性が増していると思われるのは，観察の問題です。私は精神分析のさまざまな異なる学派について，そして他派――それが何であれ――に対してどれほど優れているかを聞くことに，実に飽き飽きしうんざりしています。それらのさまざまな長所について論じ合う可能性には，ただ際限がありません――それをどれをも事実に繋ぎ留めない限り。私は，観察に基礎づけられていないどんな科学的な仕事も知りません。そのことは大きな安心感です，なぜなら，それを観察

に基礎づけることができるなら，この並外れた主題の中で得られそうなものと同じほど事実に近い，依拠できる何かを手にするからです。

　もしも或る人が，眼の見えないことに気づくと，おそらく彼は杖を振り回し，地面を突いて，それを利用するでしょう。そして自分に情報を与えるためにそれに頼ると思われます。彼はそれの使い方を学び，他の物を叩いたり土地が柔らかいか砂地かを感じたりすることから得るものを，診断または解釈できるように見えます。

　私たちは，人間の心であると想定するものに関わるとき，私たちが解釈できるかもしれない事実を自分たちに供給するために，どんな種類の杖や道具を使うでしょうか。精神分析は，その一つだと言われています。もちろん私は，昔のタヴィストック研究所と精神分析研究所の両方で，相当量の訓練課程を修了し，その際，知っておく必要があると了解した，ますます多くなる理論を学びました。しかし，私は自分の訓練課程を修了し，その外傷的な経験から回復し始めてから随分経ってから，それが一体何についてだったのかが分かり始めたと本当に思いました。私は，その印象が何だったのかや，私がそれをどう集めたかに関して，まだ満足しないと思います——それが，ここで私がその事柄について討議し続けたい一つの理由です。あなた方は，私たちが観察しているものは何かという主題を，いくらか明らかにできるかもしれません。

Q：あなたは今ちょうど，「心」という言葉を使いました。あなたの本のいくつかでは，あなたは「パーソナリティ」を使うことを選んでいます。私はその区別に非常に興味があります。

ビオン：それは実際には区別ではありません。それは，その「もの」を何と呼ぶべきかを私が知らないという事実のためです。時にはわたしはそれを「パーソナリティ」と呼び，時には「性格」と呼んでいます。フロイトは，「自我」，「エス」，「超自我」について語りました。私たちは「魂」や「超魂」，「精神」のことを聞きます。フランス人は，"sortilège"〔魔力〕という言葉を持っています。私はそれをどう翻訳したらいいか知りません

が，その言葉はそれに非常に近いものがあります。「どう翻訳したらいいか？」それが困った事態です。私はそれが存在することに何の疑問もありませんが，自分が知っている英語に頼ってすら，適切な用語を考えられません。あなたがその質問をされたことをうれしく思います。なぜならそれは，問題の根に直ちに向かうからです。

　私たちが，何らかのこれまで「科学的見解」と呼ばれたものの方向にある何処かへと進むのは，どのようにしてでしょうか。フロイトは人間のパーソナリティというこの問いに対して，自分が科学的なアプローチをしていると考えたようです。精神分析には文献の大きな積み重ねと，これらのさまざまな理論についての討議の大きな積み重ねがあります。しかし理論は練り上げられ続けており，人に伝えたい経験をしたと考える人たちが現れ続けています。メラニー・クラインはその一人でした。アブラハムは，別のそういう人です。ユング，シュテーケルおよびさらに多くの人たちがいます。しかし誰かが，音楽が探索の仕方かもしれないと思ったと仮定しましょう——音楽は，大きな役割を果たす一つの人間活動です。哲学は別のそういうものです。数学もそうです。

　それほど前にではなく，私は何人かのかなり悩んでいる親たちと非常に悩んでいる教師に語る機会がありました。問題の子供は，数学を学習できませんでした。子供には，大した問題があるようには見えませんでした——きわめて聡明でしたが，ことが数学となると，まったくの阿呆でした。非常に不可解です。「2足す2は4」彼はこれを暗記で学習できましたが，翌日には忘れていました。私は教師に尋ねました。「あなたは彼がこのことについて何と言うか，聞くことができるに違いありません」「ええ」「では，彼は2足す2が本当は何になると言っているか，私に教えてください。言うまでもなく，それは4になりません——4は，彼が先生や学校から聞き覚えたものです。しかしたとえ聞き齧っても，彼はそれが何を意味するか把握できず，忘れるのです」。その教師は，2足す2がその子供にとって何を意味するのか知らないことが明らかになったので，私は言いました。「あなたは，この少年の数学の仕方をよく聞いて，**彼の数学はどのようなものか**，そして2足す2が実際には何を意味するのか，見つけ出した

方が良いでしょう」。そうすれば，知識の基本財産を拠りどころにできるでしょう。私は，2足す2は何か，とか10を5で割って，等々と尋ねられるとどういう気がするか忘れていましたが，この小さな少年（彼らが私に伝えたところからすると，明らかに聡明な）は，極めて鋭い批評をしました。だから，彼の五感——彼が聞くもの，見るものには，どこもおかしいところはありえませんでした。彼の五感が彼にもたらす情報は，どこもおかしくないようです。それは，盲人が躓いて転んだときに彼の杖がどこかおかしいとは言えないのと同じです。

　ピアノの弾き方を学ぶことが難しい人たちがいます。或る人は私に，とにかくさっぱり分からないのだ，と言いました。彼は練習を行なったりしましたが，全くものになりませんでした。しかし後に子供ができたとき，彼はピアノの練習のおかげで，腕相撲選手として一流であることが分かりました。だから，筋発達は実を結んだのです。幼い頃からの音楽訓練の，もっともな理由が遂に理解できたわけです。

　それから程なく，その同じ人が，ピアノを習ったことをかなりうれしく感じ始めました。なぜなら，自分が出せる音楽の音を楽しんだからです。だから，何らかの拡大，発達が，彼の心／性格／パーソナリティの中で起きていたのです。ピアノを弾くためのこの奇妙な腕前は彼に，今になって意味を持ち始めた何かを伝えていました。

　私が精神分析と性格とパーソナリティのこの問題について感じているのは，それに似たようなことです——人々の集団についてさえそうです。例えば，ここにいる私たちを挙げると，なぜあるいはどのようにして，このように多様な多数の人たちが，同じ時間の同じ場所に集まっているのか。もちろんそれは非常に簡単に説明できます——簡単過ぎて，全くの虚偽，ひどい有害物である些末な知識の一つに過ぎません。実に，ほとんどの人たちは知識を持ち過ぎるために，突き通して知恵にまで至らない年齢になると私は感じます——それは，木のために見ることができない，新式の森です。知識のために知恵が見えないのです。そのような人に傾聴することは，特に悩まされるものです。それはこんな具合です。「知ってます」「知ってます」「ええ，つまりー」「でもね……」「まあ要するに……」などな

ど，際限がありません。かすかにもっと意味があるように見えるがために，かなりもっと悩まされるのは，数多くの精神分析的理論の命令です。そうした理論が作り出す雑音は非常に大きく，自分の考えがほとんど聞き取れなくなるほどです。その時，起きていることの気づきを遮断することができることは，有益だと思います。それは，関連性のある事実が伝わって来るのに十分なほど動揺を減らすためです。その事実は，私たちが判断を基礎づけるための「証拠」と呼べるようなものです。

　個人分析の大きな利点は，運が良ければ，本当に知っている人の協力があるということです——それは，患者からです。患者が自分は何を感じているのか，そして或る特定の感情を持つのはどういう感じかを知っていそうであることは，全く簡単に分かることだと思います。例えば，彼は「辛く」，あるいは「不安に」感じています。私は，それであまり何かが分かる気がしませんが，それを深刻に受け取ろうという気持ちには駆られます。なぜなら，私にはそれが一種の言語的な定式化に見えるからです。別の人ならばこう言うかもしれません——手に痛みがある，「痛い」と。健康診断を行なっているのであれば，「どこが痛いですか」と言います。あるいは，患者が痛みのある手の部位を示し，そこから検査を続けることができます。

　私が語っているような人たちは，あなた方に「痛い」とは伝えません。彼らは，不安だとか怖いとか言います。私はそれが単なる近似で，まだ言語化されていない何かを言葉で表そうとする試みだと確信しています。その患者は，痛みを被っているのです。

　仕方なく日常言語に基づくと，私は「心的苦痛」と言わなければなりません。それは腐りかけた表現だとは思いますが，私にできる最善です。なぜそれが十分だと私が思わないかについては，後でもう少し明らかになるかもしれません。

　問題になっている人が画家ならば，彼はもっとはるかに微妙な，さまざまな濃淡の色を使用します。事実，彼がしているのは，光を本当に利用することです——そしてそれは，オングストローム単位などで科学的に表現可能な何かになることに，とても近づいています。私たちはそこまで緻密

なものを持つほど，幸運ではありません——私たちは，「不安な」「辛い」「怖い」のような言葉や，時には「私は昨日，辛い夜を過ごしました。そうは言っても，私たちは本当にとても楽しい夕べを過ごしました」といった表現を我慢しなければなりません。この最後の例は，非常に効果的です。なぜなら，患者が辛い気持ちだと述べた事実に何の注意も払わないように促しているからです。しかし患者が面接室に入って来るとき，私は自分が幸運だと見なします，なぜなら患者は，わざわざそこまで診察を受けに来る手間を厭わないほど協力的であり，私は自分ではないこの人物を観察する機会があるほど運に恵まれているからです。

そのコミュニケーションは，私が見ることのできるものであれ聞くことができるものであれ，私が今では「心的な残骸」と考えるものを，私に贈っています——それは，誕生の時からその面接の朝までの間に蓄積したものです。学校で習ったもの，両親からのもの，五感からのものです。私たちがいつ「生まれた」かという点については，私には確信がありません。視窩や耳窩がいつ機能するようになるのか，見当がつきません。私はこれまでに，誰からもそれについての示唆を聞いたことがありませんが，明らかに，ある段階で発達が起こって，胎芽あるいは胎児に，「感覚」・感情・思考・観念と後に呼びうるものを利用できるようにします。それが視窩への羊水の圧力によるのか，それとも生み出される波によるのか，私は知りません。しかし，私が話している残骸は，この意味で相当量の集積物になりうることが分かります。

私は患者をじっと見て，彼がカウチのちょうど端に横になるのを目にして，一体なぜ彼はそうするのかと不思議に思うかもしれません。なぜ心地よく，中央に寝ないのか。なぜ彼は何も言わないのか。あるいは，彼はなぜ「知ってます，知ってます」と際限なく言うのか。なぜ彼は，自分に想像力がないとか，夢を見たとか見ないとか言うのか——などなど……私はそれら**すべて**をこのあらゆる残骸の中のどこかに，重要である情報の破片があるという滅多にない機会に，観察しなければならないのです。

残念ながら，これ以上緻密にはなりません——ただ私に言えるのは，自分がこの残骸を意識している必要性をまだ感じている，ということです。

そして，自分が情報を得る機会を逃すままにせず，私の笊のような心の中で，極めて役に立つ一片の知識をそこここで取り戻すことを期待しています。この種の仕事をかなり継続的に長い間していると，こうした意義のある残骸の切れ端に対する敏感さはおそらく，少し増すようになります。

　私は，患者が私のところに10年，15年，20年と来そうだという見通しは，どうも魅力に欠けるように感じます——特に，患者が分析経験にすっかり満足しているようでいて，私には彼のそれ以外の人生が悲惨に見えるときにはそうです。にもかかわらず，多くの医療実践が——精神分析的なものだけでなく，人類に対して有益であろうとしているあらゆる実践が，あたかもわれわれには選別方法がなく，どうやって選ぶかを知らないかのように，識別力を欠いているように見えます。残念ながら，それは本当だと思います。私は，今は大体，自分が何を選択しそうか以前より分かっており，そして，それが実状なので，自分が「ここまでで，それ以上はなし，私が知らないことは知識ではない」と言えることを熱望しているのも分かっています。それはただ，私の防衛すなわち何か更なる情報への抵抗が，私をゼロから考え直さなければならないことから守ってくれるところにたどり着くことです。私は，それに抵抗しようとします。その一つの方法は，私がそのセッションで会う患者を，まったくの新しい患者と見做すというものです。これはそれほど乱暴(ワイルド)ではありません，なぜなら，時は流れ，人々は年を取るからです。今日会う患者は，昨日会った患者と同一ではないのです。また，一つの文を言い始めた人は，それを言い終える人とそのまま同じではありません。それはかなり痛みを伴う事柄です。私は，自分がその患者について既に知っていることに頼るのに抵抗するのは，非常に難しく感じます。それは，新たに考えなければならないことや，状況があたかもまったく新しくて，新たな考えを持ち込まなければならないかのように取り組まなければならないことに抵抗することに対して抵抗することの難しさです。

　要約すると，私たちには残骸が提示されます。それは，かつては患者だったものの痕跡であり，今なお，火花が他の者に伝わるように，消えかかった残り火に息を吹きつけるのに似たようなものです。火は，死んだ灰に

しか見えなかったのが，また燃え上がります。私たちはこの残骸すべてを見て，その中に何らかの生命の火花を探知することができるでしょうか。

[テープ音不良──一部不明]

ビオン：なぜニュートンは，数学的活動と判断されるものに従事していながら，生命について語り始めるのか。そしてなぜ彼は，神学的な探究に見えるものにも同じように乗り出すようなのか。なぜデカルトは神学的立場を防衛することになるのか。彼が与える説明は全く単純です。彼は，ガリレオに起きたことを好まず，同じ問題に陥りたくないからです。しかし彼の議論は，その言明の良い抗弁では全くありません──事実，それは全然抗弁ではありません。彼がガリレオに起きたことによって怖気づいていないことは，極めて明らかです。何度も何度も，問い掛け，探究，それに続いて神学的な理論か観念(アイデア)に見えるものとの接合という興味をそそる事態があります。

フロイトは或る錯覚の未来について語っています[S.E.21; "Cogitations" pp. 374, 378, 379参照]。私は，それは極めて興味深い思弁だと思いますが，もしも探究しているのがどの錯覚で，どんな未来のことなのかが分かれば，もう少しうれしく感じたでしょう。残念ながら，今日，残骸の集積は，精神分析の残骸によって非常に増加しています。私たちは父親像についてそれほど聞かないと思いますが，これからやっていくには十分なほどあります。こうしたあらゆる残骸の中のどこかに隠れて，実際の苦しみの経験が垣間見られます。それは分析者にとって，相当難しいことです，なぜなら，私たちは人間の苦しみの経験に対して，ほとんど無感覚になっているからです──不安などを聞き慣れてしまい，その痛みを忘れている医師たちや外科医たちのように。だから私たちは，実際に聞いているものが精神分析の遺物であるとき，本当の事象について聞いているのだと考えて，用心しなければなりません。私たちは，それが（私が既に述べた理由で）遺物に過ぎないという理由で，捨てることはできません。したがって，私たちは自分が何をしたい気がしても，このもののどこかに重要な何かが埋められ

ている滅多にない機会に，それをすべて注意深く調べなければなりません。そしてそれは私を，最初の問いに連れ戻します——すなわち，このパーソナリティ，心，性格とは何なのか。

　もしも私たちがそれを絞り込んで，それが何かを言えたならば，そのときには，私たちが何を探究しており，なぜこの仕事にこれほどの時間と労力を費やしているのか，分かるかもしれません。もちろん，ごく簡単に挙げられるたくさんの理由がありますが，私は**本物**の理由があると，やはり感じます。但し，私たちが[**録画の中断**]……しがちであることを示唆する多くの証拠はあります，本当の解明だと思い込んで——治癒，良き時代が来る，天国，地獄などと。だから，誘惑的な道——シェークスピアが「永劫の業火に［続く］歓楽の道」（"the primrose way [that leads] to the everlasting bonfire"）[『マクベス』第2幕第3場]^{訳注21)}と呼ぶもの——は数多くあり，非常に効果的で，絶え間なく私たちを誘惑したり誤った方向へと急き立てたりしています。「正しい方向」の観念は，不思議にも強健です。中国人はそれを，タオと呼びます。ほとんどあらゆる人種の人たちが，かつて，〈道〉，正しい路があると言明しました。だからそのことは，あなたにその路が見えているとき，更に探究する価値があります。おそらく，実際に面接に来ている患者が，何か恐ろしい路があってそこから自分が逸れていると考えている印を示しているときにです。私たちがこれと同じ観念を，人々の集団からあるいは国家からすら得られるかどうかは，私は知りません。現在，人々はなぜこの国がこれほどの困難の中にいるのか，不思議に思っています。私にはさまざまな，いくらか明白な説明があるように見えます。例えば，二度の世界大戦を続けて戦って，しかもどちらも戦い抜いた唯一の国は，その対価を何らかの仕方で後から支払わなければならないのは確実だ，といったような［第8セミナーも参照］。それは私たちにつきまとって悩ます類の問いの典型です。実際には，好奇心自体が，若干有害なものです。なぜなら，それは私たちを休ませてくれないからです。それは私たちが何も知らないものについて，常にもっと知りた

訳注21) 原書[Macbeth, 3. iii]を修正。門番の科白。primrose（桜草）way は歓楽の暮らし，安易な道を指す。

くさせます。

Q：[聞き取れない]

ビオン：私たちが目を覚ましているとき，眠っているときの心の状態についてあまりよく知っているとは思いません。精神分析者として私は，夢の解釈について大量に教わってきました。私がはっきり知らない唯一のことは，夢とは何だったのか，です。なぜなら，私が患者は夢を見たと告げられるとき，それは「目を覚ましている」心の状態にある人から伝えられているからです［第3セミナーも参照］。私は時折患者たちに尋ねます，「あなたは昨晩どこにいましたか？ 何を見ましたか？ どこに行きましたか？」。私は，彼らがどこにも行かなかった，ただベッドに行って寝たと答えても受け入れません。そう聞いても私は，彼らがどこかに行き何かを見たと思います。患者が夢を見たと言うとき，それは患者の目が覚めているときにどうやらまだ利用可能なほど強健な，一種の痕跡であるかもしれません。私は彼が私に伝える話が，彼がもう一つの心的状態〔睡眠状態〕にあるときに行ったところと見たものの，現在版であると信じることは，大変困難に感じます。その理由の一つは，この心的状態の証拠が，彼の睡眠中にある場合があると私はますます感じるようになっているからです。例えば，極端にカウチの端に横になる患者は私に，自分が暖炉の飾り棚の上に座っている夢を見たと言います――それは，座るのは不可能なような，狭い出っ張りです。だから，彼が眠っていた時に起きた出来事が目覚めているときの心の状態に入り込んだ，こうした奇妙な残存物があります。別の時には，患者は目覚めていて，私が面接室で意識しているのと同じ種類の状況を，十分に意識しているように見えます。彼が話し続けるにつれて――1カ月かそれ以上かもしれません――私は，彼の振る舞いには私が経験している類の出来事を彼が経験していないことを示すパターンがあると感じ始めます。「幻覚」，「妄想」などのような多くの言葉があります。それは非常に不適当な定式化です，なぜなら，私が目撃しているように見える経験は，もっとずっと微妙だからです――そのため，本当に，そ

れの記述をうまくお伝えできないほどです。

　私は或る患者に，こう言う機会がありました。「あなたは，何々についての論文が拒絶されたと言っています。あなたの言うことから推測すると，それはよい論文です。それが拒絶されたことを，なぜ悩んでいるのですか。必ず，それが実際の経験の良い記述ならば，人々はそれを聞くことに関心を持つでしょう」。人間の振る舞い方のいくつかの記述は，とても多くの関心を集めるようです。シェークスピアが人間はどう振る舞うと考えたかを観る機会と，精神分析者による人間がどう振る舞うかの記述を聞く機会のどちらかを選ぶように提示されたならば，私はシェークスピアの方から，はるかに満足のいく印象を得るだろうと思います。彼が言うことは，私に人々を思い起こさせ，彼が語っている種の人はおそらくまさにそう振る舞うだろうと考えさせます。しかしほとんどの学術論文は，私にそこまで感じさせません。私は，広くて溌剌とした興味をもって学術雑誌の次の出版に期待しません。なぜなら，それが，人間の振る舞いや，まさに，自分そして自分が会う他の人たちの振る舞いを思い起こさせてくれるとは，全然思わないからです。

　面接室に入って来る患者には，その振る舞いが何かについてであると感じさせるところがあります。患者は，来たくないと言うことができます——彼が来たのは，行かされたからだ，と。彼が，自分はただ行かされたのだと言うとき，その言明が真実ではないのを感じることができます。それは，彼が実際に物理的，身体的にそこにいるという証拠ばかりではありません——そこには，何か他のものがあります。それに関連するのは，患者が非常に理想主義的と言われ，分析者を理想化していて，それが全く明白なときに，分析者が経験しうることです。しかし「全く明白」なものは，重要ではありません。重要なのは，その背後にあるものです。もしも患者が，自分の住んでいる宇宙は不十分であり，より良いものを想像力で構築しなければならないと感じているとすると，そこで問題なのは，**なぜ彼がより良いものを構築しなければならないのか**，です。それは彼の側の，単にまったくの強情さなのか。あるいは，私たちが占める宇宙に何かおかしいところが実際にあるのか。これらは深い問いであり，歴史を通じて人類

を悩ましてきました。歴史の一部が，あなたや他の人か分析者を理想化しようとして面接室に入り込んで来るとき，それについて重要なのは，その理想化に導く力や欲動です。それが理想化の形で表面化しているという事実は，一つの特徴かもしれませんが，本当に問題なのは，「それ」——「現実」です。経験のこの部分には，「現実的＝本物」と呼びうる何かがあります——それは，「非現実的」からとは異なる感情を生み出します。

　私は，自分の同僚たちを批判したり貶したりしているように映りたくはありません。しかし私は最近ますます，精神科医たちおよび精神分析者たちは精神的な苦しみの経験を信じておらず，そのどんな治療も信じてはいないと確信するようになりました。実際には，彼らは非常に不安定な心理状態で生きており，精神分析を信じようとして懸命です——凄まじい努力であり絶え間ない緊張です。根本的に彼らは，面接室に来る人が実際に苦しんでおり，それに対して正しい方針のアプローチがある，と感じるには決して至りません。精神分析ですら，正しい方向にあって更に続ける価値があるのに近いだけかもしれません。しかし「ええ，知ってます」では駄目です。

　何年もの経験がある分析者が，自分の患者が実際に痛みを経験していることを発見するのは，実に全く奇妙なことです。それはいくつもの問いを開きます。心的な痛みの次元は何か？　それはどこが痛むのか？　それは内的か，それとも外的か？　知的な人々は，こうしたことをどれもごく簡単に学習します。技法的な腕前は非常に簡単に獲得され，本当の事象に対する障壁を生み出しがちです。

　現実の経験は，非常に不愉快なものでありえます。なぜなら，それはつねに自分の無知を認めることを伴っているからです。ほんの少しの知識を得れば，なぜそれが以前には見えなかったのか，今何を見ているのかと不思議に思います。だから，何を学んでも直ちに，広大な未知の領域とそれを学ぶ能力のなさに気づかされます。

　学ぶ路から逸れることは，非常に誘惑的です。惑わされることは起こりがちです，なぜなら，喜んで惑わされ，その結果，たとえ満足をもたらす経験をしても，その有効性を疑うことがありうるからです。かなり確かで

いられるのは，いずれにしても，何らかの満足のいく結論に達するだろうということです——セイレーンたちが歌う歌は，今も私たちのほとんどに聞こえてきます。私たちはつねに，私たちのあらゆる困難のまさに解決策として，枝葉の問題に外れるように誘われています。

　私たちは，明晰に思考することの難しさに慣れています——思考することは，非常に弱々しい能力です。強い感情を掻き立てる知力がある者は誰でも，明晰に思考する能力を破壊できます。もしも患者が身体的な——自分自身またはあなたへの——暴力で脅すならば，その経験に晒されながら明晰に思考し続けるのは，非常に難しいことです。これの古典的な誇張表現は，戦争の中にあります。そこでは，実際の生存に対する恐怖があまりに強力に掻き立てられうるので，明晰に思考することはできません。この点で**本物**の兵士は，アマチュアつまり専門訓練を受けていないか自分の天性の職業に就いていない人と，異なります。その種の人間と，単に一時的に兵士である人との間には，大きな違いがあります。

[聞き取れない質問]

ビオン：私は哲学者が明晰に思考することを目標とし，その能力を危うくするかもしれないあらゆるものに反対していることに，大いに共感しています。しかし私は，事実に対しても強い敬意を抱いてもいます——たとえ自分が知らないものでも。

　精神分析やクライン夫人の理論などに対する反対に関して言うと，私はそれらの理論を信じていない人々について，それほど気にしていません。一つには，私はそれらが適切に表現されるのを聞くことを期待していません。ある理論のどの公式化も，実際にはそれが凝固したものです。それは心的な成長や発達の余地を残しません——それは凝固を引き起こしもします。

　分析者は，分析的な経験の中で芽生えつつある観念（アイデア）が成長する余地を残すべきです，たとえその芽が彼と彼の理論を押しのけるとしてもです。私はそれへの反対をあまり深刻に受け取りません。なぜならクライン流の理

論は，罪に非常によく似ているからです。つまり，みなそれに反対はしますが，こっそりと行なっています。実践の秘密には，固有の広がり方があり，もしもそれが発展できるなら，私たちに関する限りでは，ますます結構なことです。

　私は時折，人類が行き止まりにまで来たのだろうかと本当に思うことがあります。明晰に思考するための人間の能力は，それがしなければならない仕事にとって，とにかく十分ではありません。例えば，天文学者がブラックホールを発見したと考えるのは，ほぼ正しいとすると，そこでは物理学と化学の（私たちが呼ぶところの）法則は，適用できないかもしれず，そうすると問題は，私たちがそうした状況を考えたり扱ったりする何らかの仕方を見出せるかどうかです。

Q：[聞き取れない]……精神分析は殺さることがありうるのか，あるいは思考が，思考する者を見つけたならば，個人あるいは集団の中で滅ぼされることがありうるのかという問いが……

ビオン：私は，個人が滅ぼされることはありうると思います。いずれにせよ，人類が地球の表面から自分を吹き飛ばしうる可能性を除外する，特別な理由はないと思います。技術的能力は今や，本当に効果的な爆弾を生産できるのに十分なほど向上しています。しかし私は，真実（それが何であれ）がどのように滅ぼさせられるか，分かりません。私たちが真実を把握できるかどうかは，あまり関係があると思いません。化学法則などが，文法法則や英語の演説の法則──言語的コミュニケーションの目的にとって非常に有用です──よりもずっと高い地位にあるようには，私には見えません。しかし，宇宙自体が英文法の法則に従うと想定するのは，全く空しく思われます。それでも，私たちは非常にしばしば，自分たちの論理的能力の症状以上の何かであるこうした法則が，本当に存在するかのように振る舞います。

　形式主義的な数学者たち，論理学者たちの立場は，直観主義者たちによって挑戦されています──彼らの言うことは私たちのほとんどにとって，

少しでも理解するのが非常に困難ですが。しかし，私たちがそれを理解できないか，彼らが間違っているかもしれないにしても，彼らは一つの点で正しい可能性があります——すなわち，純粋に論理的な構築も，論理的な構築を**作り出す**能力も，あまり役に立たないということです。それは，把握されるべき真実が私たちの能力の遥か彼方にありうるからです。

　しかしながら，人類の決着はそれほど重要な事柄ではありません。私たちに本当に関係するのは，生きる価値があるような仕方で，存在するための私たちの能力の残るものを，どれほど私たちが生きることができるかです。思考する能力には，物質的な所有物とは対照的に，提供できる景品がほとんどないので，楽しめてかつ有益なものとしての思考することには，重要なものがあるかもしれないと人々に認識してもらうのは困難です。

第 5 セミナー

1978 年 7 月 4 日

[このセミナーは，限られた部分しか録画されなかった]

ビオン：その動員は集団の外にあるもので，心をそれ固有の場所に保とうとして身体に専念している人々の動員です。心の発達はひどい厄介なもので，きわめて多くの障害を引き起こしてきました。私たちはまだそれを恐れていると思います。それは私たちが……「野生の観念(ワイルド アイデア)」と私が呼ぶものに，そして飛び回って宿を求め，それを思考する思考者を求めているそうした思考に，家を与える者は誰でも……[聞き取れない]である理由です。

Q：[聞き取れない]……あなたの異なる 2 つの概念を一緒にしました——1 つはベータ要素で，もう 1 つは，原心的装置 protomental apparatus です。2 つがどう結びつくのか，私にはよく分かりません。[聞き取れない]……排泄のためのみだったのが，今あなたは，それらが身体現象や習慣やそうしたものの中に姿を現すと話しているようです。

ビオン：私はその用語を，それが空の，いわば「入居募集中」で，あれやこれやを明確にする目的のために借りられる空間になることができると考えて創案しました。しかし，身体と心の間のこの組み合わせを示唆していると私に確かに思われる事象があります。なぜ昔の解剖学者は，脳の一部

を「嗅脳」と呼ぶのか。なぜ鼻脳なのか。ある患者はなぜいつも鼻炎のことを訴えるのか。心身症 psycho-somatic〔精神‐身体病〕？　身体‐精神病？　好きな方を選んでください。「彼女の純粋で雄弁な血液が両頰で大声で叫んでいて，その効果は誠に顕著であったから，彼女の肉体はものを考える，そう思われたほどである」（ダン『二周忌の歌』魂の旅について）[訳注22]。

　孔子や彼の弟子たちの後の発展のいくつかは，私たちが精神の症状であり精神の疾患と見なすものに，一種の身体的なアプローチを提案していると思われます。そしてその提案は，運動形式の活動のように見えます。それはあたかも彼らが，こうした非常に原始的水準の心には，身体を通じてアプローチがなされてきたと考えたかのようです。この傾向について考えると，あなた方は患者が，いつかダンスや体操やリトミックをし始めたことに気づくだろうと思います。それは運動能力を，精神分析のような思考の方向に極度に集中したものへと働かせる欲求と衝動のためです。もちろん，それは非常にしばしば精神分析の代わりとして行なわれますが，必ずしもそうではありません──それは役に立つ補助かもしれません。

Q：あなたが挙げた，2足す2が4になることを，それを理解せずに学習できた少年についての例［第4セミナー参照］と，人が内在化して知恵へと変えて蓄えることができる理論的な知識を念頭に置くと，私たちが不要な残骸を拒否できる前に，それを付け足す過程を経なければならないのは，避けられないとお考えでしょうか。それを迂回する方法はありますか。それを拒否して自分をすっきりできる前に，蓄えなければならないのでしょうか。

ビオン：私は他の方法を見つけていません。分析的なアプローチの欠陥を意識する多数の理由がありますが，それより良いものを，私は考えられません。精神分析の欠陥は，そこで何が起きているかについて少しでも感受

訳注22）湯浅信之訳：ジョン・ダン全詩集，『二周忌の歌』魂の旅について。名古屋大学出版会．

性があるなら，分析者にも被分析者にも痛ましいほど明らかにならざるをえません。しかし，それを回避するどんな方法も私は知りません。痛みを回避できる道があると想定する教育システムの中には，危険さえあります。私は，人々に数学やピアノやバイオリンを教える仕方で，生徒が「分かった——この忌々しいものを習ったら，二度とやらない——誰がわざわざ音楽や数学をもう経験するものか」と考えないような仕方があるとは思いません。そのことは絶望的です。教育の手順は，バイオリンを習い続けたくて習ったと感じるようなものであって欲しいと思います。さもなければ，極めて才能のある音楽家が破綻して，演奏会を開くよりも楽器を教えることに専念する状況になります。それは根本的に，自分の能力に対する反抗のためです——彼は演奏家として優れていればいるほど，自分の人生すべてを音楽家として過ごさせる能力に，ますます敵意を感じるのです——たとえ教師としてでもです。だから私は，いずれにせよ苦痛を伴う手順であるものを誇張しないことは，非常に重要だと思います。何であれ新しいものを学ぶことは非常に苦痛を伴うようです。

Q：人々が自分の能力や才能に対して，奴隷にされていると感じて反抗することについて，もう少し言っていただけますか。

ビオン：それは，きわめて根本的な事象に起こると思います。例えば，潜在的に母性的か父性的な子供は，その母親か父親が弟か妹を賢明に扱っていない事実にはよく気づけても，親よりうまくは全然できません。弟や妹の世話を任されたら，任務を全然果たしません。そのような人は，親となる機会が自分に来る前に，何年もの欲求不満に耐えなければなりません。そしてその時には，私たちが今日「性」と呼んでいるものに関わることはすべて嫌悪している可能性があります。なぜなら彼らは性を，自分たちが息子や娘を持った時に，自分たちをこの難儀に陥らせたものと見なすからです。そのことは，母性的あるいは父性的である能力そのものに反対しているように見えます。それは問題の解決に不利に働き，自分のパーソナリティを調和させようとする試み——あらゆるさまざまな衝動を，どうやっ

て自己の中で平和な調和のうちに生きるようにさせるか——の過程で生じる困難の原因となります。そういう内的な家族の世話をする仕事は，子供には負担が大き過ぎます。そのことは，子供の分析が非常に創造的で，それらの能力を調和するように解放できる，と私が思う一つの理由です。

Q：「私 me」経験と「私ではない not-me」経験の間を区別できるようにするものは，何でしょうか。

ビオン：私は知りません——また，私は魂やパーソナリティ，超魂，エス，自我，超自我などについて語ろうとすることに，全く満足していません。そうした用語は，私にとってほとんど何も意味しませんし，私の分析経験の中に，それらに対応するものをほとんど見出しません。イエズス会には，「arbitrium〔意志〕」という観念(アィデア)があります。それは決定するものであり，実行する機能があり，自分自身の利害や自分と葛藤する利害の一致を表しています。

　癌は，その未分化で無規律な貪欲さという性質のために，強く訴える力がある疾病の一つです。それらは唯一の，それらが寄生している身体を食い尽くすという仕方で一致します。しかし身体的ではなくて，やがて一種の心の中に検知することがより容易になる，多数の癌があります。その心は，「与える」類の愛とは対照的に，「とる」ことに関わるあらゆる能力を動員することに非常に熟達しています。「とる」人は集団から，そのあらゆる生命をいわば搾り取るでしょう。その集団は，その生命そのものを取る人の存在のために，徐々に倒れて亡くなるでしょう。

第6セミナー

1978年7月5日

ビオン：実践での困難は，私が会話調で残骸——それが専門用語になって欲しくありませんが——と呼んだものを吟味するという問題です。おそらく，私がそれで何を意味するのかは，それについて話し続けるにつれてもっと明らかになるかもしれません。

　精神分析を受けている人が部屋に入るとき，自分の先入観を可能な限り自分から剝ぎ取り，観察される必要のあるどんな事実にも気づく好機があるようにすることによって，いわば全体状況を見ることはできるでしょうか。私は根本的には患者に対して語ることに関心がありますが，患者が身体と心を持っているという事実にも関心があります。この分割——身体と心——は，会話上の目的には便利ですが，事実の歪曲です，なぜなら，彼は「身体と心」ではないからです。私は，ある人を「あなたの自己自身」と考えることが有益だと感じています。しかし私は，強調したいのがその身体的性質か心的性質かのどちらかなときに，「あなたの自己自身」によって何を言おうとしているのかを，より明確にしたいとも思います。

　完璧に元気で健康に見える患者を例にします。彼は中へ入り，カウチに上がり横になります。しばらくしてあなたは，彼がほとんどカウチのカバーを乱さないように見えることに気づき始めます。彼が起きて出て行くとき，あなたはカバーの皺を伸ばす必要がありません——どんな動きも，ほとんどなかったのです。観察し続けるにつれて，一つのパターンが浮上し始めます（フロイトがシャルコーを引用して述べたように）。そして患者

が几帳面に，厳密に同じ場所に横たわることに気づきます。それには何も注目すべきものはありませんが，彼が厳密に同じ場所に，毎日毎日，毎週毎週，毎年毎年横たわるとき，患者は崖っぷちに横たわっているのも同然だと疑い始めると思います。彼が動く量からして，彼はカタレプシー状態ならば見られる身体の姿勢そのもので横たわっています。

そのような点を見るまでに，きわめて長い時間が掛かります。それはある期間にわたって積み上がり，そこに奇妙なものがあるのが徐々に分かります。次に気づくのは，彼が自分は夢を見ないと言っていることです。「あなたは昨夜どこにいましたか，そして何を見ましたか」という質問に答えて彼は，「夢を見たか，という意味ですか？」と言います。次に出てくるのは，あなたのよく知っている事実に非常に似ています。そこであなたは考え始めます。この男性は，私が意識と無意識として考えることに慣れているものの間のどこかに横たわっている。彼は正しいと思う——彼は夢を見ない。自分には想像力がないと言うときも，彼は正しい。彼が私に事実を伝えていても，私に夢——いわゆる——を伝えていても，どちらも同じことで，カタレプシー状態の心的相応物の一つです。彼が全く進歩しないのは，少しも不思議ではありません。私が与える解釈は，いくつかの要素は意識的で，いくつかは無意識的だという理解（アイデア）に基づいています。

私は別の患者で，欲求不満に全く馴染みがなくて，見たところその経験をしたことがない人と，大体同じ種類の経験をしました——欲求不満をかつて意識したことがなく，気づいたことがなく，よって分析セッションでそれを経験したことなく，私が一つの事実と見做すかもしれないことをどんな時にも決して私に伝えませんでした。私には解釈すべき素材がないので，私は何とか遣り繰りをしなければなりません。私は，これらの事象が違う現れ方をする頂点 vertex を見出さなければなりません。だから私は，この話のどこがおかしいのかを考え始めます。来る日も来る日も毎日のこの種の振る舞いで，見たところ進歩は皆無で，それでも進歩していないことへの異議もないのです。私にこう思い浮かびます。私が患者に与える解釈の多くは，患者には，まるで当たり前のことという印象を与えているのかもしれない，あたかも私は彼が私に伝えたことを単に反復して返してい

るかのように。患者が「昨日私は外出して，いくらか買い物をしました」と言うと，私は「ええ，昨日あなたは外出し，いくらか買い物をしました」と言う具合です。だから問いは，この話がどのように奇妙なのか，です。

　その観点から私は，このものの形が何なのかが，もっと明らかになる頂点へと徐々に移ることができます。例えば（以下は私に報告されたもので，私の経験ではありません），ある患者は分析のために何年も来ていましたが，あるとき，末期で不治の癌のために病院へ収容されました。彼は分析者に面会を頼み，それから分析者を，彼が常に話していた身体状態の深刻さに完全に気づき損ねたことで公然と非難しました。なぜ彼は分析者に会いたかったのでしょうか。単に鬱憤を晴らす機会を持つためでしょうか。自分がどれだけ分析を嫌っていたか，分析者を嫌っていたか，何とお粗末な仕事をしてくれたか，と？

　この話には，非常に奇妙なところがあります。この患者が癌の末期にあるのが本当なら——私はそれを疑いません——人生の残る時間や日々を，ことによると数週間を，価値がある仕方でどう過ごすかを気に掛けるだろうと思われるでしょう。ではなぜ実際には，彼は単にあのように非難するために分析者に会うことを求めるのか。

　私は，分析者がこの事実に注意を促すべきであると提案しました。なぜなら，この患者は自分が感じた怒りや欲求不満を，思い切って本当に表したことが，これまで全然なかったように私には思われたからです。彼がその自由の感覚を達成することに最も近づいたのは，分析者とでした。それを病院スタッフの誰かに表しても無駄でした。なぜなら，彼らは事態について安心させる話を患者に伝えることと，各種の化学療法などを提案することに関心があったからです。私は，この患者は自分が本当に感じたことを分析者に伝える機会を，そして分析者が改めて真実を語って返す機会を切望していたと思います。患者は自分が死ぬ前に，ある意味で一度でもごく僅かな一幅の真実を聞きたいと思ったのかもしれません——一種の最後のしたい放題です。これが，その話のどこがおかしいのかを見るために頂点を変更するということで，私が言おうとしていることです。

分析者はそれを試してみて，驚きかつ安堵したことには，患者は他の事柄について話し始めました。その話には，彼を囲む装置への嫌悪が含まれていました——その装置は，彼の生命を維持しようとしていましたが，彼に残された僅かな人生の時間の間，彼を極めて心地悪くさせる非常に長い道のりを辿るものであり，精神的な観点から，まったく疑問のあるものでした。誰も，単に筋肉が引きつるのを見るために生かしておかれる，神経／筋肉標本の一種に変えられたくはありません——そしてそれに非常に近いことが起きていました。その背後にある哲学的見解は，人々はその生命を，あらゆる利用可能な人為的手段によって保持される必要があり，それは彼らが生き続けたいかどうかに関わりがない，というものです。

私にどんな事実も全然伝えなかった患者は，何の人生を送っているようにも見えず，私にいつも誰か別の人の話をして，決して欲求不満を経験していませんでした。彼にはその必要がありませんでした，なぜなら，分析者である**私の方が**欲求不満を感じていたからです。その説明はあまりに明白なので，少し疑わしく感じられるほどです。それは，患者が私の中へ自分の一部を投影しているので，私は欲求不満を感じるけれども彼は感じない，という状況だと思います。誰もその患者がどこにいるのか，分かりません——患者でさえそうです。その視点からすると，もしもそれが単に分析者によって感じられた欲求不満であるなら，欲求不満は面接室の中に位置づけられるでしょう。しかし欲求不満のその位置づけは，実際には不完全でした。そこに陥ること，その経験をすること，そしてさまざまな仕方で欲求不満を感じさせられる一方で，患者は感じていないことは，実に不可解な状況です。そこには，それを支える何か事実が——通常事実と呼ばれるものが——本当に存在するべきだと感じられます——しかし，**私が**通常事実と呼ぶものは，そこにありませんでした。

私は分析以外でこれを探究したり，呈している症状を位置づけられるこの種の経験をしたりする仕方を知りません。この例では，症状は私の欲求不満でした。これに気づいてから，そしてこの患者には何事も起きたことがないのに気づいてから，彼が言及したこれらの人々すべては，彼の自己自身の一部だと実感しました。唯一の証拠は，私自身の感情でしたが，問

題は，これをどのように患者に伝えるのかです。

　私は結局，若干の懸念とともに，解釈を与えました。「私はあなたが，私にあなたの代わりに欲求不満を感じさせていると思います，だからあなたは，欲求不満を何も感じなくてよいのです」。それに対する彼の即座の反応は，怒りと敵意の爆発でした。私は言いました。「私がちょうど今あなたに話した時，あなたは私があなたに話しかけたと意識していませんでした。あなたはまさに，あたかも私があなたの欲しない言葉をあなたの中に吹き込んだと感じたかのように反応しました」。このようにして，私たちはきわめて多くの進展を遂げました。分析状況が単に2人の人間の間の会話ではないことは，ますます明らかになりました。それは会話に聞こえることでしょうし，誰しもそれがすべてだと考えても，許されるところでしょう。しかし，そうではないのです。これは乳児か子供ではありません。これは，メラニー・クラインによって記述されたような万能的空想ではありません。彼女によるそれの記述は，存続されるべきだと思います。なぜなら，それは有効だからです。しかしそれと，私が記述しようとしている経験の間は，区別しなければなりません。それを実際に経験していない人に述べるのは，非常に困難です。しかし，そこに加わっていれば，それははっきりと間違えようのないものです。

　私はこの種の事象から，実際にやって来る患者によってあなたに利用できるようになる証拠は，どんな患者によるものでも，伝え聞くどんなこと——伝聞の証拠，患者が他の人たちについて言う証拠——より，遥かに非常に重大だということを学びました。私がこうした事実——誰某が書いた手紙，すなわちこの患者と他の誰かとの関係についての記述だが，患者については何もない記述——を解釈したとき，すっかり乗せられていて伝聞証拠を本当に重要なものとして扱っていました。このことは，それほど障害されていない患者や，障害の重くない部分を扱っている患者では，本当に重要なことだと私は考えていますが，分析的な証拠の非常に低いカテゴリーに入れています。

Q：あなたの記述する状況が，求められていない自己の一部であることは，

ありうるでしょうか——患者はそれが自分に戻って来ることに耐えられない、という。それが起こる可能性があるのは、患者が何処にもその部分を安全に外に出すところがないと感じ、内側で攻撃されることになる場合でしょうか。

ビオン：私は、それは確かに起こると思います。しかし患者によっては、私が記述しているこの段階を、私たちはまず経験しなければなりません。そこには奇妙な反応があります。患者は悪化したと感じ、きわめて多くの人たちが、ぐっと悪くなったので介入したく思いながら、その話に引き込まれます。それはすべて面接室の外のことであり、それがどうなされるか、私には確かめようがありません。しかし、私が自分で面接室の中で見ることができるものと、ほとんど同じ方法が使われている、と確信します。患者がそれを自分自身へと本当に取り戻し始める限りで、彼の分析への恨み、分析者の解釈への恨み、それに関与してきた自分への恨みは、確かに非常に増加し、その時点で、自殺の危険も増加していると思います。患者は、あなたに物理的＝身体的な攻撃を加えそうではありません——もっとも、私はそれを除外しませんが。特に、致死的な武器が利用可能なところでは——しかし、彼は自分自身に致死的な攻撃をすることが可能です。あなたは電話を受けることがありえます。「あなたの患者は、非常に具合が悪い、少なくとも５、６日間、何も食べていません」。つまり、私たちが「行動化」と呼んできたものが、勃発しています。私は現在、何のことを「行動化」と記述するか、それほど確信を持っていません。それは一部には、心的な空間を記述する何らかのシステムが欠けているからです。私は自分の欲求不満感に気づくとき、そうした概念がなかった患者と対照的に、それに頼ることができます。私はそれをそこに位置づけて、「ほらここに！」と言うことができます。しかしその感覚が止み、他所からの電話や横槍などに追われるとき、私は痛むところを位置づけられません。痛む場所は、まだありません。患者は、食べ物がないことに悩まされていません——彼が通りで倒れて、栄養失調を被っていると判明したならば、救急車の世話になったかもしれませんが、実際には、それは起きていませんで

した。

　私は，長い間何の雇用にも就けないでいた患者が，仕事を見つけ，そこでは食べ物が手に入り，彼が栄養を付けていたことを知りました。なぜ，あるいはどのようにして，彼のすぐ周辺の誰もが突然，彼が食べ物を手に入れている時点になってから彼の栄養失調に気づくようになったのかを理解するのは，非常に困難です。私はもちろん，患者が殺人を引き起こすような感情を取り戻すことが危険なものである，分析の中の段階があると考えます。そこでは，彼が何らかの仕方で自分を殺す見込みがあります。この特定の患者は自殺をしていませんでしたが，その可能性を除外する理由は何もありません。

Q：面接室の中で通常のことが起きていないと感じることから，通常でないことが起きていると理解できるように自分を転換するのが難しいことが，あなたが「破局的変化」と呼ぶものでしょうか。

ビオン：そうだと思います——ええ。私はこれにどの方法でアプローチしたらよいか，確信が持てません。一つのポイントは，分析において変化を観察することの難しさです。私は今ではそれが，分析においては成長や発達のための空間が残されていなければならないことを学んでいなかったからだと考えています。私は，「空間が残されていなければならない」のような言葉を，日常言語から借りなければなりません。私は，心的空間が何かを知りません。私はそれをどう記述するものかも知りません。論文を発表したことはありますが〔ロサンゼルス，1975，未出版〕。そこで私が語ったのは，分裂すること breaking up, 破綻すること breaking down, 突破すること breaking through, 押し入ること breaking in, 勃発すること breaking out についてです——お好きにお選びください。私たちは，人々がそのうちの一つを選んで，自分たちが「破綻している down」とか「分裂している up」と訴えるのを聞きます。しかし彼らが「突破している through」と感じ始めるときは，そこに示唆される方向の変化〔down, up, through のこと〕は異なります。

最近私は，分析的な経験のある１人か２人に，彼らは心的な傷つきのようなものが本当に存在すると信じ始めている事実に，注意を促す機会がありました。それを信じるのは困難です。なぜなら言語的なコミュニケーションは，劣化し価値が切り下げられた通貨を用いて実行されるので，「不安」，「当惑」などのような言葉には，非常に限られた意味しかないからです。誰も，それらが何かを意味するとはあまり信じていません。しかし面接室では，「当惑」は，心的な痛みを意味します。時には，同じ単語の異なる意味の間を区別しなければならないことがあります。そのように一般的に乱用される一つは「性」であり，もう一つは「愛」です。「私は素敵(ラブリー)な時を過ごしました」と，患者が言います。それが言われた際のイントネーションが，きわめて多くのものを得る経験をしたことを意味するのか，それとも，彼は遂に誰かに何かを与えるはけ口を見出したことを意味するのか，決める必要があります。心的な痛みと，何らかの真の安らぎという意味での治癒の可能性の両方を信じている分析者に出会うのは，稀なことだと思います。もちろん，その最悪は，「治癒」という言葉が実質的に無意味であることです。もしもそれに意味があるなら，ふつうは何か良いか愉快なものを指します──自分が住んでいる宇宙に気づく能力ではなく。私が触れている変化は，徐々に起こるものでも，一気に起こるものでもなく，かなりギクシャクと起こるものです。「分かりますＩ see」と患者は言います。そして時には，彼が分かっていると感じられます──彼は何かを見たのです。それは，「ええ，知ってます」とは全く異なります。そこまで誇張されているとき，探知するのは非常に簡単ですが，多くの場合，探知は簡単ではなく，これらのさまざまなイントネーションを区別するのも簡単ではありません。音楽家，特に歌手は，それをよりうまく行なう仕事をしているかもしれません。おそらく音楽家は誰でも，トーンのこうした微細な違いの探知に近づけると思います。私が「微細な」と言うとき，私は本当に非常に小さいものを意味しています。

　このグリッドという考え(アイデア)，すなわち，なされているコミュニケーションの種類についての自分自身の考えを整理するための分類は，かなり大雑把です。グリッドは，あなた方自身の経験に従って，自分に合うように再定

式化する必要があるでしょう。これは，単に一種の予備的な提案です。グリッドを横向きにできるならば，それは格子により近くなるでしょう。そしてこれらのさまざまなカテゴリーの間の空間は，どんどん小さくなることでしょう［『ニューヨークおよびサンパウロにおけるビオン』原書 pp.91-92参照］。だから，不安／恐怖をそのようにして見ることを想像できるなら，空間はどんどん狭くなって，単なる割れ目となり，不安と恐怖の大きな差異は，ごく小さな差異となります。私たちが探知しなければならないのはこうした微細な差異です。そして観察は今や，見るものによっておそらく補強された，聞きつける耳を持つことに関わる問題となります。それらは，胎児の発達の中の視窩と耳窩に関する極めて原始的な発達です。

　胎生学者による，人間の胎児が経験する存在の魚段階，両生類段階などの大まかな記述を取り上げると，分かるのは，胎児の関連する力――観察？　知覚？――に大きな変化があることです。それを何と呼ぶものか，私は知りません。なぜなら，これらの言葉は，通常の意識的な発話と通常の覚醒時の生活から借りなければならないからです。しかし嗅覚は，長距離の知覚になります。サメのような原始的生物は，水状の媒体中で非常に遠い距離から，食物を嗅ぐことができます。胎児が聞いたり見たりできるものは，その性格をすっかり変化させます。私はそれを何と呼ぶべきなのか，何の考えもありませんが，ある日その人は患者として現れ，何の説明もせずに面接室の中で，何かが起きている印を果てしなく示し続けるかもしれません。こんなふうにです。

　　分析者：さて，どうしましたか？[訳注23)]
　　患　者：でも先生，私はそれを見つけに来たのです。
　　分析者：ええ，つまり，あなたは何が不満でしょうか？
　　患　者：私はあなたが私に言ってくれると思っていました。
　　患　者：私はあなたが，私は何に不満なのかを知っていると思っていました。

訳注23)　診察の時や店員の決まり文句：what can I do for you ?　私はあなたに何をしてあげられるでしょうか？

大体3つめの質問で，間違った方向にあることが，はっきりと明らかになります。その会話をそれ以上続行することは，何もよくありません。その患者は，何のためにそこにいたのでしょうか？　明らかに，あなたには知りようがありません，なぜならそこにいなかったからです。しかし，それがあなたの面接室で患者の誰かと起きないなら，驚くべきでしょう。

　別の例を挙げます。私は長い時が過ぎてから——私が確かにそれに気づくまでに，とても長い時間が掛かりました——その患者は臭いに非常に敏感であることに気づきました。私はこれを，かなり簡単に探知できました。彼は，アラビアのあらゆる香水をつけてやってきました。そして，彼が耐えられない臭いは，彼の未加工の嗅覚が探知できるものであろうということは，明白に思われました。しばらくするとそのような患者は，非常に近距離で反応し始めます。彼は入室するとき，何が前の患者から残されたかを述べることができます。

　これらの同じ点は，分析における情動的状況の中の変化という問題に当てはまります。過去すなわちかつて患者の中に見られたものの大量の喧騒があり過ぎるとき，それは困難です。証拠が多過ぎて，働けなかった患者が働き始めるというように（患者はあなたに告げていなかったかもしれません），小さな変化が目立つ大きさになるまで探知できないのです。許されているのは，切手をうまく買えなかったといった最小のありうるヒントからそのことを推測することです。彼はその切手が自分のしている仕事に必要だったと知ることは，あなた次第です——それはあっという間ではありませんが，数時間の作業で，すべての辻褄の合うことが分かります。

Q：何かが起きつつあるという微かな印は，何らかの仕方で，受容力がなくて硬直的で敵意のある対象に対する患者の恐怖と結びついているでしょうか？　その対象は，物事が動いていると感じ始めると直ちに反対するでしょう。

ビオン：もちろんそれは，大きな役割を果たしています。なぜなら，これ

らの患者は改善されるばかりでなく，ほとんどの人たちとは違う仕方でおそらく感受性があるからです。その結果，彼らは痛いほど，現実あるいは敵意や羨望に気づくようになる可能性があります。彼らが自分はどのような種類の宇宙に住んでいるのかを知ることに耐えられるかどうかは，彼らがどれほど強壮かに依存します。私は「宇宙」という言葉を，彼らの私的で直接の接触から，彼らがメンバーとなっている社会までの何でもを意味して使っています。

　私はそれについて，かなり異なるアプローチから——すなわち，非常に強い力という意味での「流行(ヴォーグ)」から，もう少し述べたいと思います。それは，そういうものとして認識されません，なぜなら，通常こうしたファッション——同じものの補足です——は，極めて短命だからです。しかし，流行(ヴォーグ)はそうではありません。それは非常に強力な特徴であり，優勢な流行に一致させる圧力を備えています。それは遅れて発生することがあるかもしれません。今日のファッションは，例えば別の年には広まらないでしょう。それに流行は陳腐になります。精神分析はかつて，大流行しました。精神分析の用語は，その意味を普通は知らず，それを見出すのに必要とされる長い訓練を受けようとしない人々によって，まったく自由に口にされました。

　同様に，あなたは自分自身がファッションになりうるのを知ります——あたかも重要な人物であるかのように行動し振る舞う，極度の圧力を受けるのです。あなたは自分がそうではないと完璧にはっきり知っており，そのファッションが数時間，数日，数週の単位で変わることを，完璧にはっきりと知っているにもかかわらず，です。それが流行(ヴォーグ)であり，当分の間あなたはその圧力下にいます。それから明らかになるのは，あなたに勲章をどっさり与えて深く沈ませ，あなたがそこから，あなたに向けられた罵りへと浮上して来ないのを期待していることです。

　集団の治療者は，ファッションが集団を巡るにつれて，時々**自分が**ファッションとなること，そしてその考え(アイデア)や言うことがあたかも重要であるように扱われることを，常に意識しているべきです。それを意識していないと，自分でそれを信じがちです。感情の強度は，標的であるあなたが明晰

に考えられなくなるところまで，いつも上げられる可能性があります。この最も明白な例は，戦争の中にあります。そこでは，あなたは敵を脅かして，相手が明晰に考えなくなることを望みます。そのことは平和時には，それほど劇的でも十分に明白でもありませんが，それでもやはりそこにあります。

　これの大きな構成要素は，私が流行(ヴォーグ)と呼ぶもの，すなわちファッション，考え(アイデア)におけるファッションの背後にある基礎的なものです。発達途上の患者が奮闘しなければならないのは，その種の圧力に対してです。時には，患者の注意をそれに向けて，「あなたにはたくさんの厄介事が降り掛かりつつあると私は思います。なぜなら，誰かがあなたは改善しつつあると思い始めているからです」と言うことが重要となります。人々は，誰かが神経症的だったり精神病的だったりするという事実に慣れているとき，自分たちのその見方を変えなければならないことを好みません。なぜなら，その人は今やそう簡単に始末をつけられないからです。集団さえ——精神分析者のであれ，精神科医のであれ，精神医療従事者などのであれ——，それを変人の集まりとして退けられなければ，つねに厄介なことになる可能性があります。私たちが貢献できて，他の人たちにはできないかもしれない物事が実際にあると判明したら，もはや社会が私たちを愛するとは思いません。

　これらの変化は，少しギクシャクしながら起こるように思われます——ほとんど目につきませんが，合計すると極めて多くなります。

Q：ギクシャクは少しずつ，それに抵抗していた何かを突破しなければならない，と仰っているのでしょうか？

ビオン：ええ，しかしそれが何か知るのは，大変困難です。ピカソは一枚のガラスの片側に，裏側には別の絵が見えるように描けたことを，私は思い起こさせられます。私はこれの例を，或る子供の描画で見たことがあります。その子供は絵を描いて，それが家と木だと私に伝えました。その紙の裏側には，無意味な殴り書きがありました。しかし私がその絵を掲げて

光にかざすと，その無意味な殴り書きは紙から透けて，絵は全く変わりました。それは，誰かが植物に水をやっている絵でした。

　私が昨日言ったように，或る子供が算数となぜ2足す4〔原文のまま。2の誤りと思われる〕が4になるのかを理解できないのを知ることは，興味深いことであり重要なことです。しかし人が知りたいと思うことは，2と2を本当に足すと何になるのかです。言いかえれば，このいわゆる抵抗の裏側を見てください。抵抗されているものが透けて現れるような仕方で，抵抗をよく見てください。抵抗されているのが分析であることがきわめて明瞭なとき，それから何が透けているでしょうか。

　病院で癌のために死につつある患者という私が出した例で言うと，まずありえないと私に思われるのは，彼が自分に残されたごく僅かの時間を，ただ誰かを公然と非難するためだけに使いたいだろうということです——もちろん，もしも彼が治癒不能の病気で死につつあるという幸運に浴したことが一度もなければ。だから，それは単に「頂点を変える」という事柄ではありません。それは，抵抗や逆転移あるいは何であれ，それを透かして見ることができる，ということでもあります。これらの用語はどれも，明らかに非常に役に立ちますが，分析的な理論は多くの点で，それ自体を余分にするのに十分なものでした。そうした理論を余分なものにするには，それらを時代遅れにするには，自分自身を時代遅れにするのは，その過程を一通り経なければならないようです。

Q：変化の衝撃について仰っていることに含まれていることとして，患者は自分自身の抵抗に加えて，分析者の抵抗とも取り組まなければならないのでしょうか。あなたの議論からは，分析者もまた変化しなければならないように聞こえます。

ビオン：私はそう思います，もちろん。以前私は，射影代数幾何学がユークリッド幾何学と両立しないと考えた人たちの例を挙げました。これらには幾つかの相違点がありますが，代数の射影代数幾何学はユークリッド幾何学に暗に含まれています。さて，デカルトのおかげで，ユークリッド幾

何学に暗に含まれていたことは，**明示**されてきています。同じことが，この相互的状況に当てはまります。私は通常患者たちに，彼らは私を分析しなければならない——彼らが好むと好まざるとに関わりなく——こと抜きで，私のところに分析を受けに来ることはできない，と指摘しなければなりません。彼らはそれを好まないかもしれません，なぜなら，彼らは自分が適切なことを言い当てたら，私がどう怒り狂うか分からないからです。子どもがよく馴染んでいるような，「なぜそんなに悪い子なのか，分からないわ」という仕方で，分析者はそれを悪くとらないだろうと信じるのは，難しいことです。弟か妹と遊んでいるとき，その頭を叩いたりお互いに叩き合ったりすべきではないことは，明確に示されています。お互いにうまく遊ぶべきです。分析者と被分析者も，そうすべきです。しかし実際には，それはかなり荒っぽいゲームです。

Q：こうした類の変化の諸過程とその帰結の間を，単に適応不全になることや友人を失うこと，人々と疎遠にすることから，区別して見せてください。

ビオン：いいえ，私は，それが簡単とは全然思いません，なぜなら，それは方向の問題をまた含んでいるからです。数学者たちはこれを，ベクトルを導入することによって扱おうとしました。分析的には，私たちはそれを扱う方法を発見していません。だから私たちは，方向を知らないのです。人々は，世界が今日，ひどい混乱にあると言いたがります。次の段階はこうです。それは，この恐ろしい精神分析という，人々の心とパーソナリティについての，忌々しいこのあらゆるナンセンスのせいだ——それこそ厄介事を引き起こすものだ，と。それに反駁するのは大変困難です。しかし，方向を評価する方法や，何かの方向に進んでいるときの心的状態をどのように前もって推定するかについての何らかの手掛かりが得られるならば，それは役に立つでしょう。天文学者たちは，太陽系が渦状星雲の端の一つに位置すると決めました。その中心に入手可能な明るい点がないという事実は明らかに，あなたが予想するものと見なされます，なぜなら，星

雲自体の残骸を貫通してその中心まで見通すことはできないからです。しかしその彼方に，1億×100万光年離れたところに，私たち自身の中心の反対側があると想定されています。私たち自身のように短命な生き物の段階は，決定が非常に困難であり，私たちがどのような方向を採っているのかを見るのも非常に困難です。まさに，近年の発展によって，人類自体が道の突き当りの，何か他の生命の形態によって押し退けられる地点にいると言うことができます。それは私たちがこれらの事象を，比較的微視的な尺度で扱っているときには，ほとんど実際の問題ではありません。巨視的でなく——巨視的な尺度は，私たちにはあまり使い道がありませんが，何が起きているかについて，そして私たちに辿るべき正しい道があるとして，私たちが正しい方向を保ち続けられることについて，いくらか明らかにすることができます。長い歴史を持っている人種——ユダヤ人や中国人のような——は，一定の凝集性を保持しており，それによって方向性について何らかの理解を有することができています。しかし残念ながら，これらの古代文化もまた，その出典，起源との接点を失っています——あるいはフロイトが言ったように，彼はモーセが彼の，つまりフロイトのヘブライ語を理解しそうにないと思いました。

　それは，私がするように人が真理について語るとき，重要な問いです。答えは，フランシス・ベーコンが随想の中でしているように，ごく簡単になされるように見えます。「『真理とは何だ？』とピラトは戯れて言って，答えを待とうとしなかった」〔『ベーコン随想集』「真理について」〔神吉三郎訳，岩波文庫〕〕。私たちは，自分の感情に頼らなければなりません。ともかくも或る時点で私たちは「そう，その通り」と感じます。それが正しいのかどうか，参照尺度は何なのか，真理の残りにとって真理との関係は何なのか，私は知りません——また，私たちがそれを摑むことができるどんな方法があるのか，私は知りません。私たちが確かに知っているのは，私たちがこれらの流行(ヴォーグ)の本質的部分であり，その限りで，私たちが経験する圧力を考慮に入れることができるということです。

Q：私たちが考える思考を思考するために，どの程度まで私たちは他の思

考する人のことも必要とするのでしょうか。

ビオン：思考や観念(アイデア)を定式化できるのは，特定の個人に掛かっているかもしれません。しかし私は，観念(アイデア)の実際の生長は，特定の誰か個人に帰着させることができるとは思いません。それを位置づけるのは，きわめて困難です。それは実践では主に，自分が観念(アイデア)を所有していると考えていて剽窃に非常に敏感な人たちで持ち上がります。そこには何かがあるようです――人は考えに対して，何らかの所有権を主張したく思いますが，それが普通の捕食本能以外のものかどうか，私には分かりません。それはさまざまな発見の最新シリーズの中で，活動範囲を奪い取り，開拓する願望の一部でありうるでしょう。

Q：あなたが述べてきたことは，代理人あるいは容器としての分析者というユング派の概念にどれほど近いのでしょうか。

ビオン：一つの観念(アイデア)と他の観念(アイデア)との関係は，非常に難しい問題です，なぜなら，観念(アイデア)は言葉ほどには明確に定義されないからです――それは，相当悪いことです。言語的なコミュニケーションの目的では，辞書の定義と文法規則によってたくさんのことができますが，観念(アイデア)自体――それが何であれ本当のもの(リアル)――のことになると，観念(アイデア)も，私たちが自分の思考や観念(アイデア)を考えたり，それどころか表現したりする仕方と合致すると想像するのは，非常に楽観的だと思います。これは形式主義的数学者が厄介事に巻き込まれるところの一つのように私には見えます。その想定は，人間の心の論理的能力が――そして私たちにとって，思考する目的のために――とても重要であるということです――しかし直観主義者たちは，成長のための余地をあまり残していない，その特に硬直的な構造に対する反感（Brower, Heyting 他）を表わしています。問題は，直観主義者たちの仕事が，私たちのほとんどにとってとにかく理解するのが非常に難しいことです。これを古代の幾何学 geometria と対比してください。私はそれによって数の，今の私たちにはかなり魔法のような使用を指しています。例えば，あなた

の名前を構成している文字をとります。それらをアルファベットの中に置き，それらを合計して，ある数を得ます。そのゲームは，ほぼ無際限にできます。それは幾何学ではありません。それは一種の——宗教的な数学でしょうか？　私は知りません。しかし確かに，神学的な動揺が存在する発達の中で用いられ，表面に現れる一つの数学であり，人間の思考の全体領域の中の諸空間の一つです。そこでは，大変動が表面に現れ始めます。私はそれを思考の全体領域から考えており，その思考は時には数学的，時には宗教的，時には生化学的などと呼ばれます。動揺の，情動的大変動のこうした領域は，全体範囲にわたって，突発的に発生します。そこでは，他の情動的噴出にあるものに一致するように見える特徴が吐き出されます。例えば，流行(ヴォーグ)の表れの一つは，救世主的な動揺であるように見えます。これは，救世主がしばしばそれを否認するので奇妙ですが，一種の預言者によって非常に強く擁護されています。その特定の動揺の実際の中心——救世主——は，中心の外のものによって強く影響されています。それは中心から外れていて ex-centric〔風変りで〕，精神分析自体が流行(ヴォーグ)となる状況に似ています，そして少し経つと，他の誰かあるいは何かに移ります——最新の流行(ヴォーグ)です。

Q：あなたはそうやって，精神分析をはるかにもっと中心的な何かの予言者として語っているのでしょうか。

ビオン：私は，はるかにもっと中心的な何かがあると思います——おそらく，ショーペンハウアーによって定式化されたように。彼はそれに関して多くを述べず，ただ「生への意志」として記述しています。それは，表面全体の上のこれらの一時的な泡の一つとして，フロイトそして精神分析の中に，このように表面化できます。通常，こうした動揺の中では——個人における青年期のように——それまで潜在的か気づかれていなかった，さまざまな特徴が明らかとなります，時には否定的に。当面のところ，動揺は抑えられることによって，浮上するのを許容されないことによって目立ちます。フロイト，シュテーケルそしてユングには，それらの三者の力

によって占められる範囲を配分する試みがあったと思います。しかし私は，何か特殊な活動領域を所有しようと争うことを，全然魅力的とも重要とも思うと言えません。

Q：昨日あなたは，自分の道を探すために杖を使っている盲人との類推をしました。あなたが使っている道具を述べていただけますか？

ビオン：いいえ，それはできないと思います。もちろん，私が定式化できるようなものは何も。誰か別の人は，私が確かに使っているものについて，もっと分かっているかもしれません。特に，分析のために私のところに来ている人たちは。私は，分析のために私にのところに来ることは，スーパーヴィジョンのために私のところに来ることよりも，はるかにもっと不愉快な事柄であるという事実に，注意を喚起することができます。そのことを発見するのは，大きな衝撃です。実際の「私」との実際の密な接触は，私の講演を聞いて想定されるものとは，大きく異なります。私が示唆できるのはただ，私がどう行なっているかについて私の言うことはどれも，おそらく誤解を招くものであり，方向違いだということです。それは，私が「あなたは眠っているとき，目覚めているときの心の状態とは異なる心の状態にある」と言ったときに記述しようとしていたことと，大いに関わりがあります。私がカタレプシー状態とも見なせるような身体の動きをしていると思われる患者のことを言うとき，私はまだそのことについて語っています。そして同じことは，彼の心の状態に当てはまります。それは夢を見ている状態ではなく，はっきり目覚めてもいません。私はそれが何か知りませんが，それは非常に不安定であり，崖っぷちに――絵画的なイメージを使うと――いることができるかどうかに掛かっているように見えます。私はそれがほとんどの患者に，特に長引いた分析で見られると思います。そこでもっとはっきり見ることができるのは，彼らが気の狂うのを恐れていることに――特に青年期に――気づいているような仕方でも振る舞っていることです。後には，それはもっと，狂っていると**呼ばれる**のを恐れるという問題になります。私は，今やそれをあまり気にしないほど，そ

う呼ばれることに十分に慣れていることを自惚れたいと思います。しかし私は，もしも例えばソ連にいたり他の或る種の文化的な力に支配されていたりしたならば，そうするかどうかそれほど確信はありません。私が時折驚かされるのは，分析者たちが，自分たちは精神分析者でいられるだろうと本当に信じているらしいことです——私には，理由が分かりません。私たちはみな，言うなれば「潜伏する」用意があるべきでないのかどうか，私は分かりません。ミルトンは，アルペイオス，つまり時々，さまざまな場所に消えては現れる川のイメージを強調しています［第2セミナーおよび第3セミナーも参照］。

マティ・ハリス：おそらく私たちはここで終わりにしなければなりません。そして私たちはみな，ビオン先生が——私たちにとって，これからの1年間，地下へと潜られますが——来年の同じ時期にまたここに再び現れて，今回に匹敵するまた違う経験を私たちに与えてくださることを期待します。みなを代表して，私たちが興味深い時間を過ごしたことに心からのお礼を申し上げたいと思います。それは疑いなく，私たちを何らかの仕方で変化させました——どのように，かは分かりませんが。

ビオン：ありがとう。私は非常に変わってしまったことを理由に，カリフォルニアに戻るときに逮捕されないことを望んでいます。

第 7 セミナー

1979 年 3 月 27 日

[「不満の冬」は1978年の終わりに，抗議ストライキの波とともに始まった。そして1979年初めには，イギリスはストによって麻痺状態となり，国の正常な生活は危うく完全な停止に近づいた。]訳注24)

ビオン：[録画の最初の部分は欠けている] ……この国の政府のような，こう言ってよければ，一つの体制。次いでそれは，もっとたくさんに枝分かれします。「分権」と呼ばれるものです。そして権限移譲されたものの各部分は，たくさんの他の人々を受け入れます——それで，官僚政治はますます巨大化します。この点で私たちは精神分析の中で，まさに主流にあると思います。つまり，イギリス精神分析協会があり，国際精神分析協会があり，ヨーロッパ精神分析協会があり，他には何があるか，私は知りませんが——そうしたものが多数あり，おそらくそのどれにも著名な人たちがいて，どこでも著名な人たちは管理業務に消耗しており，患者に近づく機会がありません。なぜなら彼らは，物事を組織するのに多大な時間を割かなければならないからです。このことは，非常に難しい問題を提起します——思考することに従事している人たちが，本当にそれを何らかの仕方

訳注24) この時期，インフレ抑制のために賃上げ率を制限しようとした労働党政権に対して，労働組合は大規模なストライキを行なった。労働党は同年5月の総選挙で敗北し，サッチャー政権に交代した。シェークスピア『リチャード三世』の冒頭の科白にちなんでいる。実際に，前例のない極寒の冬を迎えた。

で両立させられるのかどうか，もしも可能ならば，どのようにしてかという問題です。

Q：個人が自分自身の時間の中で思考することは，集団の時間でのそうすることとは異なるのでしょうか？

ビオン：私たちがここでのように一堂に会したとき，あなたの感情や意見，観念(アイデア)および理論には，何が起きるでしょうか。それらは集団の中に呑み込まれて，跡形なく沈められたように見えることでしょう。集団で私たちは，対処しなければならない問題について，何らかの討論や明確化を得たいと望んでいますが。しかし不思議なのは，私たちが集団に収められると直ちに，自分自身の思考や観念(アイデア)や感情を展開する方向に進むことが，本当に非常に難しく思われることです。私たちは，他の人みなに似ていたいという欲求と，他の人みなが考え感じることを考えたいという欲求によって支配されます。とは言え，他の人みなが考え感じていることをどう伝えるかは，定式化が非常に難しく思われるものであるかもしれません。

　誰かが先日，私に質問を投げかけました——私は，自分がそれへの答えを見つけたとは言えませんが，それを渡すことはできます。小さな少年が援助を，何かの助けを求めて来ました。私がこの経験について与えられた説明から分かった限りでは，一方には分析者がおり，もう一方にはこの少年がいて，彼は色付きチョークで絵を描き始めました。分析者は或る解釈を与えましたが，見たところ，それには特に反応がありませんでした。その小さな少年は，別の絵を描き始めました。そしてそれが続きました。彼は，スケートボードに乗っているたくさんの子供の絵を描きましたが，私は彼と同じようにうまくは描けないので，こうします［黒板に線を数本引く］。これにかなり夢中になって楽しんでよろしければ，もう一つします［更に何本かの線を引く］。それらは２つの記号であり，私のあなた方との会話の一部分です。あなた方が私に，それはどのように**聞こえる**のかと尋ねるなら，私が私風の『美しき青きドナウ』のワルツを制作しているのが，おそらく聞こえなかったのでしょう。あなた方はそれが聞けず，たとえ

拡声器などの装置があったとしても，私はここでその雑音を十分に明瞭にできません。あなた方が微かなシーッという音以上のものを認識するとは，とても思えません。だからこう言えるでしょう。これが言語で，これが絵文字で，その発音は私が出していた滑稽な雑音です，と。描く代わりに述べるとすると，こういう言い方となるでしょう。しかし，科学的な人物がやって来たとします。「それがウィーンのワルツだったと言うつもりですか？　あなたが描いていたその筋が？　青いドナウ川？　ドナウ川を見たことがありますか？　あれは汚くて泥だらけの，すさまじい速度で動く流れです。あなたは何について言っているのですか？」だから，科学的見解，「真の見解」という問題があり，同時に，私が描いたスケートボードに乗っている誰かの絵のようにもちろん正確な見解ではない，さまざまな他の見解があります。そのコミュニケーションの性質は何でしょうか。あなたはどちらを選びますか。あなたはA，B，Cのような記号——アルファベット文字——を作り始めることも，中国人がしているように，絵文字を作り始めることもできます。

　フロイトは国際的な精神分析の会議を，それが人々の間の国際的なコミュニケーションの始まりとなることを望みながら，召集しました。実際には，彼が望んだように終わる代わりに，それはありとあらゆる不一致に終わりました。その典型は，何が精神分析であり誰がその用語を使用する資格があるかに関する，ユングとフロイトの間の不一致でした。だから，私たちには——例えばここでのように——互いにコミュニケーションができる何らかの特別な仕方をどのように知ることができるかという問題があります。私たちが討論をできるような，私たちが話せる何らかの共通言語はあるでしょうか。

Q：見たところ，「他人」である「体制」と呼ばれる何かについて，共有された仮定があります。それは，彼らは強力で退屈であり，またとりわけ，彼らのようであってはならないというものです。もしも重要な地位に就く人々を実際によく見るならば，それはあまり正確ではありません。

ビオン：正確ではありません。それについて唯一正確なものは，おそらく，そのように語る個人の感情ですが，必ずしもそうではありません。なぜなら，個人は自分が考えたり感じたりすることについて，真実を話さなくてもよいからです。しかし私は，個人が正確に——ともかく，この種の共同体では——コミュニケーションをしようとすると想定するのは，妥当な仮定だと思います。交戦中の人々の集団の話になると，それは変わります。その場合，彼らは必ずしも，自分の考えていることや計画が何かを伝えたいと思いません。

私たちは実際にはお互いに戦争をする以上のことを本当はあまりできないのに，幾分未熟で早熟に，一種の協同の努力を達成しようとしているのでしょうか。それは，誰が一番か，それを誰が最初にしたか，誰が所有者か，誰が持っているか，という支配の問題でしょうか。それは，私たちがどんな種類の文化の中で，どんな種類の文明の中で暮らしているかに依ります。

支配する沈黙に戻ると，それが私たちみなを沈黙に至らせるのは，私たちが自分の本当の意見を表すことや，本当にしようと思うことを言うのを——あるいは更に言えば，私たちは本当に言うことをしようと思うのを恐れているからです。もしも体制側すなわち支配する力が，すべての人を特定の態度や見地に従わせる方向で行使されるものならば，何がその文化または集団の性質か，そしてどのように各メンバー——自分自身を尊重できて，できれば他の人たちのことまでも尊重できるようでいたい人たち——はこの圧力，均一になってみなと同じように考え，みなを等しくする圧力に対抗することになるのかが，大きな問題です。ペギー［1873-1914］は「自由 liberté・平等 egalité・友愛 fraternité」を引用しつつ，最初の2つは3番目のものとは完全に異なる，と［『ジャン・コストについて』の中で］言いました。これらの志 aspiration の2つは，本当に追究の価値があ

編者注）シャルル・ペギーの『ジャン・コストについて』〔英題の直訳は『根本の真理』(Basic Verities)〕から，まとまった引用をする価値があると思われる。その本はビオンに深い感銘を与えた。付録Aを参照。

るが，第2のもの[訳注25]は，それほどでもない，と。こういうことで，どんな一群の思考や観念・感情が，現在の文化の表現により近いのかに関して，何らかの説明を与えているかどうか，私には分かりません。自由？ 平等？ 友愛？ それは現在の文化にこの3つの言葉を縫い付けることで，問題を単純化しています。

Q：私は，集団の中の間と沈黙が，理解において重要な役割を果たすと思います——ちょうど音楽で，間と休止がそうであるように。

ビオン：それは本当です，そして精神分析でもそうです。ずっと昔に，私は尋ねられました，「あなた方はただ話すだけですか？」私は言いました。「いいえ，私たちは時には，沈黙しています」。もちろん，それもまた音の始まりと関係しています，なぜなら，沈黙は音に，リズムに，意味を与えるからです。沈黙のうちでさえ，私たちは言語的なコミュニケーションに非常に大きな優位性を与えています。私は，それは合理的だと思います。なぜなら，それは最近の達成であるとはいえ，分節言語によってコミュニケーションをするこの能力は——「最近」で私はたった数十万年を意味しています——大変生産的だったようで，私たちが関わる類の問題に接近する一つのありうる道として見ることができます。そのことは，それがコミュニケーションの十分な方法であると言おうとしているわけではありません。したがって，小さな少年があくまで何も言わずにただ描き続けているので，彼は抵抗しているとは，言うわけにはいきません——そう言うのは非常に簡単ですが。何に抵抗している，と？ 彼は，コミュニケーションの方法が言語的であることに賛成していないだけです。彼は分析者が言語的なコミュニケーションをするのを止めません——彼はただ，絵画的な見方を，絵によるコミュニケーションをし続けています。膨大な人の集まり——例えば中国人——の話となると，私たちが「ああ，この中国人たちは，そのう，この絵画的なもの〔漢字〕，彼らはどうやって左から右に書

訳注25）原文 the third [egalité] を修正。

くかさえ知らない。この東洋人たちには，私たちの文明に貢献するものは何もない」と考えるなら，非常に深刻な事柄となります。しかし私たちが今のように小集団でいるとき，この問題を更に進める機会はあるでしょうか。あるいは，わたしたちみな，「頂点(トップ)」である必要性，あるいは「頂点」の集団に加わる必要性，最大数の財産を持つ集団や人に加わる必要性によって，まだ支配されているのか。さて私たちはほとんど，「最大数の心的な所持品」と言うかもしれません——それはつまり，心の創造物のようなものがあると想定されている領域です。プラトンによれば，ソクラテスは，自分は単なる助産師に過ぎない，ただ人々が観念(アイデア)を生むのを助けているだけだと言いました。私たちは心的産科学の技術においてどれほど進歩したとあなた方は思いますか。私たちは貢献する人を，どの程度まで忍容できるでしょうか。あるいは，私たちは黙ったままの方が，つまり私たち自身の特定のコミュニケーション方法を控える方が賢明でしょうか。私は，コミュニケーションの唯一の方法が言語的——残念ながら，それが私に可能なことのほぼ全てです——だとは言っていません。そのように制限されていない，作曲や描画，非常に高次元の言語的コミュニケーションさえできる人々がたくさんいます。しかしこれは，創作できる人たちの創造的努力を促進したり可能にしたりするような文化でしょうか。ここで私たちはこの問題について，私たちの意見を表現できることになっています。

Q：分析者が話している間，絵を描き続けた子どもに関して私は，それが誰にも受け入れられないならば，本物のコミュニケーションなのだろうかと思います。

ビオン：そこが問題です。あなたに何か言うことがあると想定して，あいにくとあなたには，聞く用意がある誰かが必要です。あなたが絵を描けるならば，それを見る誰かがいる必要があります——そしてご存知のように，ほとんどの人たちはそうしません。ほとんどの人たちは，有名な画廊を通り抜けて，そこに何があるのか見当も付かないまま，漂流するでしょう。例を挙げると，或る人は国立絵画館(ナショナルギャラリー)に行って言います。「半分の時間で回

れたでしょう，……履いていたのがブーツだったら」。それは国立絵画館を見る一つの仕方です——絵に悩まされる必要はありません，特に，それを見ることにしたら，非常に時間が掛かることになりますから。もちろん，私の例は馬鹿げていますが，それは馬鹿げた問題ではありません。実際私たちは莫大な時間を持っていませんし，私たちが利用できると思っているような時間をどう配分するかを知るのは，確かに非常に難しいことです。これは，私が分析者として，患者が私は一体何について話しているのか理解しようとして多くの時間を浪費せずに済むように，自分の考えを明瞭に表現できるようにありたいと思う一つの理由です。だから，あなたが画家でも音楽家でも雄弁家でも，表現の厳密さはこうした奇妙な仕方で，非常に要求の厳しい構成要素となりそうです。その結果，あなたは誰かがわざわざあなたの言うことを聞くこと，そしてできるだけ経済的に聞くことができることを期待しつつ，あなたはできるだけ経済的に自分を表現します。

Q：コミュニケーションに関して言うと，芸術に関する問題は，それが芸術ではないと決めるのはいつかということです。この問いは，テート画廊で或る絵を巡る最近の論争で提起されました。

ビオン：私は，あなたが正しいと思います。それは，識別に関わるあらゆる問いを提起します，なぜなら，偽物と本当のものを識別できることは，非常に重要だからです。例えば森や林の中の樹を非常にうまく表現できる画家は，たくさんいます。しかしそれと，セザンヌによる樹の絵とには，大きな違いがあります。その違いが何かは言いたいと思いません，特に，私たちはみな，セザンヌが偉大な画家だと信じるように教えられてきましたので——だから私たちは，そのことをこれ以上気に掛けなくてもよいのです。しかし私たちがそれについて気に掛けるならば，セザンヌによる絵画と，技術的に非常に巧みなそれの複製との差異について語る方がよいかもしれません。それはこの識別の能力と，それの行使は非常に難しいという事実に依存します。

分節言語を問題の表現に使う試みは，決して分節言語がそれを目指して

彫琢された目的ではありません。その起源である，振る舞いの野蛮な方法は，文明化したものにならなければなりませんでした。私たちはまだ，お互いを飼い馴らさなければならない野蛮な動物の位置にいます。しかし，暴力が討議に対置されるとき，その結果は疑わしいように確かに思われます，なぜなら，討議したい人は自己防衛をしなければならないかもしれないし，討議したい国家は自己防衛どころか話す権利を防衛しなければならないかもしれないからです。例えば，精神分析や討議と固く結びついている人たちの共同体は，権力筋にまったく歓迎されないものになるかもしれません。それは体制転覆的であり人々に自分自身の観念(アイデア)を持つように奨励している，と見なされる可能性があります。哲学的討議や宗教的討議や他のどんな形での討議であれ，それらを禁制するためになされたさまざまな試みを見るには，ただ歴史を振り返れば十分です。しかし通常，何らかの小さな逃げ道があり，それは種の入った莢のように，風に運ばれて，何処か他の場所で芽を出します。

　ガレノス［クラウディウス・ガレノス Claudius Galenus，紀元130年頃―紀元200年頃］は，人体の観察の価値を本当に信じた革命的思想家でしたが，最終的には，その意見を決して問い質してはならない一種の神になりました。自由な思考は抑えられ，解剖学と生理学は何世代にもわたって停止しました――人体すなわち死骸を見て絵を描くと決心したレオナルドやラファエルのような芸術家の中で，それが芽生えるまで。それから，そうした側方からの表現を経て，それは解剖学に戻りました。解剖学者たちは再び人体を見始めました。学生たちが自分たちの検出したものを絵に描かなければならないことは，ありふれています。医学生だった者は誰でも，解剖をして見たものを正確に描画しなければならないことをどれほど嫌ったかを知っています。単純に聞こえませんか？　あなたがしなければならないのは，見るものを描くことだけです――それについて嘘をつかず，循環などの嘘くさいシステムを捏造しないで，あなたが見るものを描くのです。しかし，医学生が解剖室での経験から決して回復しないことも，決して稀ではありません。あなた方は，人間の心，性格，パーソナリティの解剖では，それよりはいいだろうと思いますか？

どんな分析的な経験にも——分析者に同一化しても，被分析者に同一化しても——何か非常に奇妙なところがあるものでしょう。そこでは，二人ともその仕事を嫌っていることが，明らかになっていませんでした。自分自身が患者によって分析されずに，被分析者を分析することはできません。だからどちらもほとんど必然的に，憎しみと怒りの感情を喚起する仕事に従事しています——その仕事から逃げ出したい，立ち去りたい願望も言うまでもなく。それが，精神分析の未来が常に非常に不安定である，一つの理由です。それが抑制されていたのが再び漏れ出し，モデルの性格や魂を描写する画家たちの方に，例えば向かったと想定します。つい先日，私はグレアム・サザーランド[訳注26]が，ウィンストン・チャーチルを描いた自分の絵が破壊されたことに抗議したことについて聞きました。おそらく，彼が写真を撮影しておくだけに限っていたなら，もっとよかったことでしょう。なぜなら，それはカメラが示しているものに過ぎない，と言って逃げられるからです。しかし，優れた画家は性格を描写するかもしれません。そしてそのことは，見る者の側に強い敵意を喚起することがありえます。それは単に，あなたが言うことを聞く誰かを見つければよいということではありません。あなたは自分が描く絵を見てくれる誰かも探さなければなりません。小さな少年は，彼がスケートボードに乗っている人たちを描いたものを見てくれる誰かを見つける必要がありました。それに関して分析者は何を行なうべきでしょうか。もしも彼が言語的に解釈することに固執すれば，それは容易に，あたかも芸術的なコミュニケーションに対立するものとしての言語的なコミュニケーションの優位性を維持しようとしているかのように聞こえる可能性があります。たくさんの人たちが，単に彼らのコミュニケーションの方法が私たちの慣れているものと異なるか，私たちが理解できるものと異なるかのために，愚かか馬鹿として切り捨てられ

訳注26) Graham Sutherland（1903-1980）。イギリスの芸術家。さまざまな主題と表現法による絵画を残しているが，1954年にイギリス議会の依頼でチャーチルの80歳を記念する肖像画を描いた。チャーチルは完成した絵の写真を見て，「汚らわしい」「悪意がある」と拒否したが，サザーランドは見た通りを正直に描いたと主張した。絵は公開された後，チャーチルの自宅に引き取られた。その後，彼の妻が処分していたことが判明した。

てきました．

Q：一回りして私は，分析者は集団と施設＝団体 institutions を理解した方がよいと思います，もしも彼らが内的世界を扱うばかりでなく，自分たちの患者および対処している課題を理解しようとするなら．

ビオン：それはほとんど同じように重要です，もしも円の直径が非常に大きくなり，円の切片はほとんど直線のように見えるので，直径に全然見えないかもしれないならば．言いかえれば，論争が広がり過ぎて，事実上コミュニケーションがないことがありえます．この種の論争すべてが，1億×100万光年前に起こったと想定します．私たちは，過去とのコミュニケーションの方法を持っておらず，確かに，何が先祖のおかげなのかを言うのは，今では難しいことです．彼らは，ぶうぶう言う声や憤怒と恐怖の表現を用いるのを止めて，目で見える記号かその他の方法によってコミュニケーションをしようとしました．私はそれが単に，メンデルの遺伝によって説明できるとは思いません，なぜなら，私の理解では，その伝達は獲得形質の遺伝に依拠しているだろうからです．言いかえれば，私たちが親たちの終わったところで始められて，子供たちが引き継げるところで終えられるならば，その場合には，獲得形質が遺伝されるかもしれず，私たちはより賢明な人間になることができます．国際連合やアメリカ合衆国，イギリス連合王国のような大志さえ，実現されるようになり始めるかもしれません．人民連合のようなものさえあるかもしれません．連合した努力の一部として，誰がどのちっぽけな争いで，いわば勝ち取ったのかに関してではなく，世間一般の空気の一部として，哲学者たち，画家たち，音楽家たち，詩人たちによって追究されるような活動を促進する必要性についての合意さえあるかもしれません．私たちが今のように文明化されるまでには，非常に長い時間が掛かりました．私たちがもっと文明化，あるいは十分に文明化されるまでには，まだ非常に長い時間が掛かるかもしれません．「文明化される」によって私は，他のみなのように，ということを意味していません．私が言わんとしているのは，私たちが私たち自身と他者の自

己に敬意を持ちつつも，同時に共同体の一部のままである状況です。

Q：私が前に言ったように，分析者たちは自分たち自身の団体についてもっと理解したほうがよいと……

ビオン：もちろん私は，私たちにできるならば，私たちが有するそのような能力を，私たちに手の届く――観察可能で理解可能なほど十分に近いという意味で――物事に注ぐべきだと思います。そうすれば私たちは少なくとも，それらを理解することに向けて何か貢献できるでしょう。

　分析の経験では，不思議なことに私たちは非常にしばしば，被分析者が自分にあるどんな特別な優れたところの重要性もまるで認めたがらないことを目にします。患者たちはあまり気に掛けずに，自分の犯罪行為や過失，誤りに自分の注意を集中させ，非常にしばしば分析者に，適切な罪の償いを分け与える一種の「懺悔司祭」になることを同意させます。しかし，患者が本当によくできる何かの話になると，非常にしばしばその同じ患者がそのことを貶し，嫌い，その話に耳を貸さなくなることは，驚くべきほどです。挙げる理由としては，それは簡単過ぎるとか，「自然に」そうなるとか，自然なことをすることが一種の犯罪そのもののようです。私たちにとって自然なことは，たくさんあります――お互いに闘うとか――そして私たちは識別をして，何が望ましく何が望ましくないか，決定する必要があるのは本当かもしれません。私たちがそれを，どの程度の正確さで行なえるかは別の問題です。私たちは，自分自身の偏見に照らして決定しなければならないだけです。私には偏見があります。私は，自分が陸軍に加わって戦争の栄誉ある仕事にとても就きたかった頃を覚えていますが，人々を撃とうとしてみて――そして自分が撃たれて――，私はそれを好みません。自分の考え(アイデア)を擁護することについては，まだ非常にたくさん言うべきことがあると思います。

Q：陸軍は，自分自身の考え(アイデア)が何かを知るのが難しい集団に違いありません。

ビオン：ええ。私は，陸軍の訓練すべてを経験してから，軍人としてのキャリアを諦めて俳優になった人を知っています。だから，或る特定の職業に加わって，それから投げ出すということは，確かに起こりますが，稀なことです。私たちのほとんどは，自分が誤った選択をしたと感じるかもしれませんが，それを変えることに含まれる大変動，自分の誤りを正すことは，痛みが強過ぎます。それで私たちは，むしろ同じ職業を，同じ理論，同じ考え(アイデア)を続けることを選び，それらを変えないのです。

Q：私たちが本当は好きでないものを続けることは，実際には嗜癖だと思いますか？

ビオン：唯一できるのは，自分が嗜癖状態にあるかないか，自分に問い掛けることだけです。例えば，私は精神分析者になることを選びましたが，それが単に嗜癖——かなり軽蔑的な意味での——かどうか，確実なことは私には言えないでしょう。私は，分析の仕事あるいは私の同僚たちを助けることに，身を捧げていると言えるようになりたいと思います。しかし，自分が価値のある対象に身を捧げているのか，それともその対象に嗜癖状態になっているのかを知るのは，非常に難しいことです。それは，私たちが決して逃れられない，ずっと続く問題です。

Q：「身を捧げている」と「嗜癖状態にある」の違いについて，お話しいただけますか？

ビオン：自分の家族の幸福な生活に身を捧げることのような例を取り上げましょう。患者が身を捧げていることに，誰もが賛成するかもしれませんが，もっと念を入れて見ると，その同じ人が，親の栄誉に寄与しさえすれば，子供が父親か母親の名誉になりさえすれば，それで家族に何が起きても意に介さないのです。私はそれを家族への献身ではなく，嗜癖と呼ぶでしょう。私はその特定の人物についての私自身の個人的な定式化の中に，

ある種の軽蔑的な言葉を導入したいと思うでしょう。

Q：ある人が自分自身の家族のみを気に掛けて，残りの世界はどうなろうと構わないなら，それは嗜癖の一つの形だとあなたは言うでしょうか？

ビオン：その人の動機について，理解する必要があるでしょう。自国の福利安寧を望むことは，外見上は，非常に愛国的かもしれません。しかし自分の国が裕福ならば，私たちは一般的な繁栄の分配を受けるだろうということも本当です。そこで私たちは，深い問題にぶつかっています——私たちはこの主題の中に絶えずいるからです。それは単純なものとして始まり，直ちに開花します。それから私たちは，深刻な事柄を扱っていることに気づきます。

　裕福な国家の一員であり，一般的な繁栄を共有することには，何か特に有害なことがあるでしょうか。見たところ，それは誰にもどんな害も与えません。エリック・ギル[訳注27]は，彼が英国の国家のために望むことができる最善は，それが貧しくなり衰えることだと言いました。私がここで経験しているような交通渋滞に，彼が巻き込まれたかったかどうか私は知りません——私は，騒ぎを起こさずに簡単かつ快適に，ここに来たいと思います。だから，一般原理についてのその特定の言明は，論理に関しては欠点がないかもしれませんが，そう述べている人に対してみなが望むのは，説教をしていることを実践することであり，また，実践可能なことを説教することです。しかし，人が制御できる唯一の人間は，自分自身でありそうです。だから，私たちができるのは，自分の原理に従って行動しようとすること——あるいは，従って行動することが可能な原理を持とうとすることです。

Q：私は，私たちが時間を容器 container として用いる仕方について考え

訳注27) Eric Gill（1882-1940）：イギリスの彫刻家，版画家，書体デザイナー。

続けています。

ビオン：私たちは時間を使うのか，それとも時間が私たちを使うのか。「時間」は，非常に役に立つ言葉の一つです。私たちのほとんどは，それを限られた仕方で使っています。私たちは腕時計や置時計を見て，自分が使えると思う時間数に応じて一日の予定を立てることができます。しかし，私たちが「時間」によって意味しているものの，より厳密で科学的な探究のことになると，それをただ辞書で調べても駄目なことが明らかになります。私たちは「時間」によって何を意味しているのか。肝要な点は，しばしば強調されてきました。「時は，常に進む流れのように，その息子たちをすべて運び去る。夢がその日のうちに消えるように，彼らは忘れられ消える」［アイザック・ウォッツ Isaac Watts（1674–1748）（賛美歌），90］。私たち各自に，誕生と衰退の事実に寄与する何らかの力が，確かにあるように思われます。私たちは，それが時間のせいだとはとても言えませんが，それは時間の流れに密接に関連しています——私たちの理解では。問いはむしろ，「『時間を使う』あるいは『それに包容される contained』によって，何を言おうとしているのか？」であるべきです。

Q：私には，時間を遡っているように見える患者がいました。彼の素材はどれも過去についてで，時々あまりの繰り返しで，私は同じ素材，同じ言葉のセッションを丸一年していたかもしれません。私は，自分がじれったさと退屈で死にそうだと本当に思いました。彼は時間の川の中を進む代わりに，あたかも時間を嫌っているかのように，土手の上にいるように私には見えました。私は，そこまで時間を嫌っているように見える人に耐える問題について考えています。

ビオン：それは確かに，もしも患者が，自分は流れを下って行くあらゆる残りのガラクタよりも優れた策略を講じることができると感じているならば，奇妙な類の万能感のように聞こえます，あたかも，「そう，この人たちはみな流れを下って行くけれども，私は——私は免れた，私は陸の上に

よじ登った」と言うかのように。そこではどんな基準が使われているのか不思議に思われます。

Q：それは心地よさです。

ビオン：ええ。心地よさのためには，いつも鎮痛剤や催眠薬を飲む必要はありません。それは観念(アイデア)で達成できます。そして確かに，私たちが今や思考と観念(アイデア)の或る種の体系を達成したと感じるのは心地よいものであり，それらの全部がそれらに疑問を抱く人によって——例えば，このような共同体の中で話すことによって，転覆させられるかもしれないと感じるのは，非常に心地よくないものです。理論は，突き通されない装甲版のようなものとして用いようとすることができます。

Q：成長があるべきならば，私たちは社会的大変動に耐えなければならないでしょうか。

ビオン：私たちが地理的な尺度，すなわち土地，空気，食べ物などに留まるならば，成長や発達のための空間がなければならないと言うのは，かなり簡単だと私は思います。しかし同じことが心の領域に当てはまります。隠喩的な言語に頼ると，心の成長には，利用できる空間がなければなりません。自分の周りに自分の観念(アイデア)を巻き付けて寒さをしのいで，別の思考を決して持たないようにする，誰か他人の思考によって動転させられないようにするという，私たちみなが持っているこの習慣は，大変心地よいかもしれませんが，観念(アイデア)の発展のための空間を許容しません。そして，もしもそれを行なう不運な人間が成長すると，心のこの心地よい状態は制限するものであり始め，心の衣装一式はきつくなり過ぎます——それは，こうした成長過程の犠牲であることの，大きな災難です。私たちが好もうと好まなかろうと，私たちが自分自身の観念(アイデア)や思考を持つかもしれないという危険が常にあり，そうした思考と観念(アイデア)は私たちがそれらを表現することを，表現のための機会(チャンス)を与えられることを，望むかもしれません。ソクラ

テスの考え[アイデア]を拠りどころにすると，生まれることを欲している思考，成長して自らを表現できるような状況へと出るのを助けられたい思考があるかもしれません。だから，その観点からすると，誰もが自分の観念[アイデア]そして思考・感情の助産師でなければなりません。

　心地よいという観念[アイデア]は，非常に誘惑的です――ただ外に行って，私たちを四方八方から攻めてくる広告を見るだけで十分です。それは，もしも何某の特許秘薬があれば，私たちがどれほど豊かになるかに注目させようとしています。心地よさへの招きは数多くありますが，偽物と本当のものをどう識別するかを知ることが問題です。

第 8 セミナー

1979 年 3 月 28 日

Q：真実への精神分析的な道はあるのでしょうか。

ビオン：そのようなものはまったく。精神分析は単に技術的な道具であり，私たちが欲するどんな目的のためにも──混乱を更に混乱させるためにも，人々を誤らせたり欺いたりするためなどにも，用いることができるものです。すべては，誰がそれを使用しているかに拠ります。この建物は，精神分析のために使われているのか，あるいは，この建物を建てるために精神分析者たちが使われたのか。利用できる部屋は，精神分析的な努力を追究する役に立っているのか，それともいないか。

　そこに含まれている重大な問いは，真実を探究していると称する人が本当に真実に到達しようとしているのか，それとも偽物で，真実の追求者の作り物の表現なのかという問題です。それは答えるのが非常に難しい問いです。もしもそれについての自分の判断に頼ることができると感じたならば，誰かの絵や著作が本物の天才の仕事かどうかを見分けられるのかもしれません。しかし精神分析の技法的な遂行に関して言えば，それに縛られることは全然ありません──あなたは，自分のしたいことができます。精神分析が必ず真実を話させたり発見させたりするという考え方は，どれも全くの戯言です。

Q：昨日あなたは，患者たちが自分自身の達成について語るのを渋ること

について話していました。それを行なうことが，なぜそこまで難しいのか不思議です。それは情動的な喜びと発達を妨げる，過酷な超自我と結びついているのでしょうか。

ビオン：時折，障害物と関係があるように見えるさまざまな特徴を見出すことができます。例えば，私たちが人の振る舞いと論議から，道徳体系が現れていることを探知できる点です。私たちは，患者が非常に強力な道徳的衝動によって支配されているように見える，と言えるでしょう。私たちに患者の話を聞き続け，観察し続ける機会があったならば，彼の道徳が分析経験の中で演じている非常に重要な役へと彼の注意を向けられるようになるかもしれません。おそらく更に続けて，これがどのような道徳体系なのかをもう少し明らかにもできるでしょう。精神分析的にも理論的にも，幾つかの宗教的なアプローチの中でも，非常に強力な罪悪感があると信じられています——それは原罪です。しかしその種の衝動は，奇妙な種類の道徳体系へと発展するようであり，そこでは或る種の特徴が実際に生じるのを探知できます——すなわち，何が誤っているかは伝えるようでも，何が正しいかは決して仄めかさない道徳体系で，それは患者の心の中で非常に支配的でありうるので，患者は敢えて何かをしようともなろうともしないのです。私は「患者の心の中で」と言っていますが，必ずしもそうである必要はありません。それは社会の中にも，ここのような団体，精神分析の団体あるいは上院下院——この否定的で禁制的な態度によって支配されている可能性があるいずれの中にも，ありうると思います。それは，『創世記』の中およびバベルの塔の物語の中に明確に述べられています。その考え方は，これらの創造物に何ができるのかを見出し，それをするなと伝えて止めることです。これは私たちの一部にとっては，非常に否定的な態度で，かなり些末な類のものに見えます。子供が家族を支配する立場を適切にとるには，自分自身の人生を送ることや誰か他の人の人生を送ることについて，十分に知らないようなものです。しかし，人はもっと多くの人生経験がある親が，禁止するかもしれないと期待します。彼らはしばしば，「これはやめなさい」「あれはやめなさい」と言うだけの存在に格下げされ

ているかもしれませんが，それは私が問題にしている類の道徳体系よりも，はるかに穏健です。いつか私たちは自分の道徳観を批判して，それが実際にはどの程度まで禁制的かを自問しなければなりません。

Q：内的な過程と，その過程を始動させておそらく存続させるのに必要とされる外的要件の種類との間の関係について，論評してください。

ビオン：実践では，まさにあなたの問いに患者の注意を向けられることが重要だと私は思います。それがいかに困難かは，驚くべきほどです。患者は，きわめて多くの意見と見方を表すことができます。そして，彼がある特定の一連の思考によって支配されていることが，より明らかになります。しかしなぜ今日なのか。何が起きているか。それを引き起こしたのは何か。私はどの言葉で述べたらよいか知りません。私は患者の注意を，その問題に――すなわち彼にそれを始めさせたものに，どうやって向けさせるか知りません。

　一例を挙げます。ある患者は，情動をある程度表しており，分析者は言います。「私はあなたが，通常私があなたに会わないでいる週末の休みが来ているという事実によって動揺していると思います」。それは分析中の他のどんな休みであっても構いません。この解釈が正しければ，それはこの特定のセッションを支配している主題の引き金でありうるでしょう。しかし実際には，それは知るのは大変困難です。

　あるセッションは，とても支離滅裂に見えるかもしれません。それから私は時折，彼が私に何かをまさに伝えようとすると，遮られているという事実に患者の注意を向けることができました。その邪魔は，外からかもしれません――何か雑音や，私が行なった何かです。しかし，それが起き続けているとき，患者が明らかに思考の流れを全然追えないでいるのが分かる時，私は，彼が表現している思考の流れを私が捉え損ねているのか，それとも，実際には彼が絶えず遮られていて，彼が進みたい道から，彼の論議の主題から，彼が私に語りたい主題から，絶えず投げ出されているのだろうかと考えます。

それを真似してみましょう。「まあ，私はちょうど今，クリニックへ来ているところでした——お分かりですよね——自転車に乗った人がいて，彼は突然道の脇から出て来たんです——それで，ええと，ええ，思い出したのが——この前，息子に話しかけようとしていた時——何を言おうとしていたのか，忘れてしまいました——ええと——そうですねえ。ああそうでした，思い出しました，ええ，私は，彼が行こうとしているこの学校は，非常に悪いと思います。彼らはいつも……」などなど。私たちはみな，こういう話し方をする人たちに会ったことがあります。結局あなたは，心的装置がどこか具合の悪い人と話しているのだろうか，それとも彼は実際には遮られているのだろうか，そしてもしそうならば，なぜなのか，と疑うようになります。或る人が非常に敏感で優れた聴力を持ち，外部からの雑音によって遮られている，ということはありえますが，そうではないこともあります。では，その邪魔の源はどこにあるのか。それに答えることは，できないかもしれません。しかし答えなければ，この種の患者はそれまで通り，支離滅裂な文章を次々とまた10分間，15分間，30分間と垂れ流し続けます——そこに一貫したどんな主題を見ることも不可能です。時には，邪魔はより永続的なものに見えます——一続きの邪魔ではなく，患者の思考の流れを永続的に閉塞するほどの妨害です——そうすると患者は，永続的な循環迂回路の類を見つけなければなりません。身体の問題だったならば，患者は塞栓を持っていると言えたところでしょう。つまり，動脈系が遮られており，側副循環を作る必要があるのです。

そのような閉塞は，極めて天分のある子供にも起こる可能性があり，芸術的なものであれ科学的なものであれ何であれ，自己を表現する子供の主な能力は，決して再び元に戻らないかもしれません。しかし私たちは，分析的な討議によって，この奇妙な類の道徳的閉塞を含む，こうした閉塞に注意を向けることができるかもしれないと望みます。私たちは道徳体系を承認しないのではなく，示唆しているのは，それは彼のさまざまな関係において，分析者が正しいことも患者が正しいことも彼の家族が正しいことなども，実質的に不可能にするこの体系が何かについて討議する題材でありうることです。私たちが討議できるなら，私たちは患者がその種の側副

循環に訴える必要性を薄めています。

Q：道徳体系の構成要素としての羨望の性質について，ご意見をお聞かせください。

ビオン：いいえ，私にはできません。なぜなら，それにはほとんど根本的な，非常に強力な特徴だと考える価値があると思うからです。それが見られるのは，患者が——分析者がではなく患者が，であることを望みます——分析者を良く活用していることに対して，自分の分析者と自分自身の両方に強い羨望を感じているので，自分が報われる当事者の一人である時でさえ，成功して有益な分析の性質の中のどんなものにも耐えられないところです。

　私たちは残念ながら，こうした用語を使わなければなりません。それは，分裂が活用されるようになった仕方の一つです。私たちは，事象を分裂させます——羨望・憎しみ・賞賛などへと——が，それは，分節言語をおおむね可能にするためです。しかしもちろん，私たちは事実としては何も分裂させません——このような文法的な分割や分節言語の規則は，分節言語の目的のためには極めて結構ですが，人間の心を記述するためには，全然適していません。私は羨望と感謝を同じ直進運動上にあるものとして考えることが，多少分かりやすいように感じます。それらは，本当は分けられるものではなく，一方は他方の極であり，あたかも両者は対極にあるかのよう，こうした種類の感情は両極化した感情として語られうるかのようです［メラニー・クラインの『羨望と感謝』を参照］。

Q：私は，あなたがお出でになった最初の3年間，天気が非常に暖かかったことを思っていました。私の期待は，今年も何とか同じだろう，というものでした。

ビオン：……私がわざとそうした，と私のせいにしなければ結構です！ この種の天候に対しては，何らかの説明があるに違いありません。気象学

者たちは，それを科学的に記述しようと試みます。私たちはテレビで，低気圧がそこの島のすぐ沖に，それか何か別のものがそこの島のすぐ沖に接近しており，2つの間にはおそらく晴れ間と多量の雲と雪などなどがあるのを見ることができます——非常に心地悪いものです。それは，天候に本当に影響するものは何かという真実に至るための試みです。しかし，真実は私たちから独立しています。精神分析は，私たちを遮るものは何か，私たちが明晰に考えたり私たちに利用できる事実に敬意を払ったりできなくしたりするものは何かを，知る試みです。それは，私たち自身の中にあってこれほどの問題を引き起こすものを探究する試みです。それを取り上げるのは私たちが問題を起こすからではなく，それが私たちに何かが言える唯一のものだからです。私たちは，私たちのコントロールの外にあるこうしたさまざまな力について，何も知りません。ですから私たち自身に落ち度があるのならば，問題が何かを知ることは役に立ちます。「ブルータスよ，こうなった落ち度はわれわれの運命にあるのではなくわれわれ自身にあるのだ，われわれが従僕となったのは。」［シェークスピア『ジュリアス・シーザー』第1幕第2場］——これは非常に深い声明です。遅かれ早かれ，何か方法がなければならず，それによって私たち自身の中の落ち度は私たち自身によって修正されなければならないでしょう。臨床的な事柄の話になると，これは私たちによく知られています。私たちが身体的な訴えを持っているとき，私たちは何らかの助け——救急車，医師，看護師を得なければなりません。これは普通のことです。しかし思考作用という私たちの方法にある欠陥に関しては，それは遥かにもっと難しい問題です。私たちが精神分析者と呼ぶものが，作り出されなければなりません。あるいはもっとうまく呼んでも——名前はそれほど重要ではありませんが，**重要なのは**，「物自体」が存在することです。こうした「閉塞」について，私たちは必ずしも愚かではないのに明晰に考えられるようには見えないというこの事実について，私たちが何らかの援助を期待できる人々が存在するべきです。俳優たちが「失神」やあがりを恐れることはありえます。彼らが専門的な才能を発揮する能力を遮るのは，こうした「邪魔」の恐れです。

Q： 国立絵画館(ナショナルギャラリー)の周囲を走っているけれどもその内壁には良いものが展示してあることを理解していない男性についてのあなたの論評に関連してですが，私たちがどうすれば，こうした理解を欠いている人は何かを利用できるようになるのでしょうか。

ビオン： 私たちがその困難を回避できる方法は，私には分かりません。私たちはその存在を知ることはできます。そして警告され，それについて何らかの見通しを持つことができます。しかし分析の実践では，それは，理論的で高度な討議の問題ではなくなり，2人の人間が共にその種の対象と出会うときに，実際の精神分析的なエピソードの中でそれを探知するという問題となります。精神分析理論が，非常に学術的で非常に立派なものになりうる有り様は本当にひどいので，私はもちろんそれを自ら理解したくないでしょう。事実，私はそれを試みる時間の浪費はしません。私は確かに時々，それで砲撃されます。患者は私に何か言おうとしている間に，彼は絶え間なく自分自身の高度な精神分析的知識によって遮られています。もう一方の極には，同じ困難があり，理解することや分析の現実を評価することのできなさがあるように見えます。身体医学においてさえ医師や外科医が無神経になりうるのは，不思議な事実です。絶えず身体の痛みを扱わねばならず，彼らはそれに対してほとんど無感覚になります。それが噴き出るときはあります。私は或る外科医と麻酔科医が，非常に楽しんでいたので，手術台上の子供はほとんど死に瀕しているのに気づき損ねたのを見聞しています。彼らは突然冗談を楽しむのを止めて，緊急措置を講じ始めました——不幸にも，遅すぎました。[『わが罪の赦しを』 p. 40参照]^{訳注28)}。

　私たちは痛みの実際の性質に対して，それが身体的でも心的でも，無神経になることがありえます。私は自分自身の経験から，患者が苦しんでいるという事実を人は見失うことを知っています——そしてそのように見失

訳注28) All My Sins Remembered：ビオン未亡人によって編集された自伝の題。『ハムレット』第3幕第1場にある。

うよう，患者によって助長されます。患者は非常に愉快なので，セッションはとても楽しいかもしれません。しかし，その患者は苦しんでいるから来たのだということをあなたが思い出さないのは，無慈悲だとさえ言えるように見えます。

　分析者と被分析者の間の協働作業を非常に脆弱にする事象の数は，非常に多くあります——それに限りはありません。私たちは，2人の人たちの間の創造的な協働作業への独特の試みを脅かすものを，それが何であれ，いつかは探知できることを望むだけです。慰めなのは，ある意味で分析は，それほど重要ではないことです。それは一時的な出来事であり，一時的な関係です。だから私たちは，「転移」や「逆転移」について語ることができます。それは転移され，途上にありますが，その本当の重要点は，人々が絶えずお互いに——集団の人々とのこともあれば，個人とのこともあります——心地よくない関係を持っていることであり，心地よく快適な関係の邪魔は，側副循環の形成を引き起こします。もしも2人の人たちが，夫と妻になるという志を成就できないならば，彼らはそれを成功した性的経験の一種へと変換することによって，身体的解決に頼ることができます。私はそれのあら探しを，故意に行なっています。なぜなら，性的制止が問題を起こすと聞かされるのに，私たちは慣れているからです——確かに，制止は問題を起こします。しかし，性的自由もまた問題を引き起こします。それは2人の人たちの間の，精神的な関係と——そこに道徳的な含意があり過ぎなければ——呼んでよいかもしれないものの困難を避けるための側副循環を見出す，一つの方法です。しかし人々は，純粋に性的な関係にとっては付加的なものである関係を，切望することがありえます。また彼らは，純粋に知的な討論に加えて，身体的な関係を切望することがありえます。こうした事柄は，単純に「ああ，そう，性的制止だ」と感じることによって解決されるとは，私は思いません。それは一つの可能性ですが，私たちが本当に必要としているのは，どこで閉塞が起きて，どんな側副循環が形成されたかを探知できることです。子供の治療をする分析者は，本当の閉塞は夫と妻の間にある何かであり，子供を分析者のところに送ってくるのはその側副循環だと感じる状況に，きっと慣れ親しんでいるに違いな

いと思います。だから分析者＋子供は，その関係の外にある何かの，一種の側副循環です。これは，これらの困難に対する私たちのアプローチの複雑なところの一つです。それが痛みの位置を定められる座標の古いシステムだと私が言うのは，そのためです。本当の問題がどこにあるのかを実際に突き止めることができないまま，分析者と被分析者の間の関係に鞭打って離れていくこと，無限に分析——私が前に述べたように，転移，逆転移などなどを——し続けることは，きわめて容易です。

　天候についてこの点を述べましょう。それはこの国に戻って来る時に私たちが気づく，唯一のことではありません。心の状態にも，顕著な奇妙さがあります。それについてどの程度まで何かがなされているのか，私には分かりません。私は極めて長い間，この国が2つの大戦を最初から最後まで戦って，どちらでも敗戦しなかった唯一の国であることは，尋常ではないと考えてきました。ですから私たちがその種の贅沢に対して支払わなければならないのではないかとしても，ほとんど驚くべきではないでしょう。もちろん私は，それが正確な解釈であるとか，確かにそれが関連していると申し立てることはできません。私たちは，態度における変化が何なのか，すなわち，大英帝国への信心があるイングランドと，小英国主義者の態度と呼ばれていたものに合致しているのに近いイングランドの間の違いと言えるようなものが何なのか，私たちは知りません。それは今や小英国であり，こうした「事実」への再調整の過程は，非常に困難です。ともあれ私たちは，事実が何かも，何が正しい方向での再調整となるのかも知りません。そのことは私には，なぜ私たちがする仕事が切迫しており，それに対して現実的な見方をする必要があるのかの理由の一つのように見えます。もしも一群の人たちが一緒に集まり，クライン派の理論や他の誰かの理論について議論をするなら絶望的です——それはまったくの時間の無駄です。なぜなら，考えるべき，あるいはまさに考えるのを学ぶべき，はるかに重要な事柄があるからです。

付録 A

ペギーの『ジャン・コストについて』[訳注29)]からの抜粋

「共和国の紋章である3つの言葉，自由・平等・友愛は，同一平面に存在しないばかりでなく，あとの2つは最初の言葉よりも互いに近くても，幾つかの注目すべき違いを示している。友愛によって私たちは，同胞を窮乏から引き出す義務を負っている。それは先に立つ義務である。逆に，平等の義務は，切迫度が遥かに低い。まだ多くの人が困窮しているのを知ることが，極めて切迫しており不安にさせるのに対して，窮乏の外で人がおおよそ大きな富を所有しているという知識は，私にとってどうでもよい。私は，未来の都市においてシャンパンの瓶や血統馬，ロワール渓谷の城が誰に属するかを知るという有名な問いに，強い興味を認めることはできない。それはどうにか解決されることを望みたい。しかし，都市が本当にあ

編者注）シャルル・ペギーによる "de Jean Coste"〔英訳題は Basic Verities〕は，英国では1943年にキーガン・ポール，トレンチ，タブナーと有限責任会社によってはじめて出版された（フランス語の散文と詩およびアン・グリーンとジュリアン・グリーンによる英語対訳）[訳注30)]。

訳注29) 英訳題の直訳は『根本の真理』。

訳注30) アントナン・ラヴェルニュの小説『ジャン・コスト』を支持する論評として1902年11月に発表された。英訳には異同が多いので，以下はフランス語から訳した。著者シャルル・ペギー [1873-1914] は，フランスの詩人・評論家。貧困家庭に生まれ，1歳のとき父親の戦死により，母子家庭で生育。彼は社会主義の影響を受けてフランス社会党に入党したが，ドレフュス事件以後決別し，カトリックに傾倒した。彼は第一次世界大戦に参戦し，始まったばかりの1914年9月，ドイツ軍との交戦中に亡くなっている。

るなら，すなわち誰もその都市から追放されたり，経済的な窮乏のうちに流罪にされたり，経済的に流罪にされたりすることがないなら，誰それが何々の地位を持っていようと，私にとってほとんど重要ではない。疑いなく，他の多くの問題が市民の注意を奪うだろう。しかし市民契約を無効にするには，一人の人間が故意に拘留されるか，同じことだが，故意に窮乏のうちに置かれることで十分であろう。一人でも外に留まる限り，その鼻先で閉じられた門は，不正義と憎悪の都市を閉じる。

　窮乏の問題は，不平等の問題と同じ平面にも同じ次元にもない。ここでもまた，古く伝統的な，人類に本能的な関心事が，最近の常に人為的な民主主義の表れよりも，分析してみればはるかに深く，よほど正当化され，はるかに本物であることが分かる。貧困者たちを救うことは，高貴な人間の最も古い苦労の種の一つであり，あらゆる文明を通じて存続している。友愛は時代から時代へと，慈善の形を纏うにせよ連帯の形を纏うにせよ，歓待するゼウスの名の下に客に対して振る舞われるにせよ，貧者をイエス・キリストの姿として歓迎するにせよ労働者のために最低賃金を定めるにせよ，洗礼によって普遍的宗教団体へと導き入れて世界市民とするにせよ，経済的状態の改善によって国際都市へ導き入れるにせよ，この友愛は，生きた，深く根差した，不滅の人間的感情である。〔以下※まで，英語版では割愛されている〕それは古い感情であり，さまざまな変革を通じて一つの形式から別の形式へと，世代から世代へ文化から文化へ受け継がれ伝えられ，古代諸文明の更に昔からキリスト教文明の中へと維持され，今も続き，おそらく現代文明の中で開花するだろう。それはさまざまな良い感情の中でも最上のものの一つである。それは深く保守的であると同時に，深く革命的な感情である。それは単純な感情である。それは人間性を形成し，維持し，おそらく乗り越えることになる諸感情のうちで，最も主要なものの一つである。それは偉大な感情であり，偉大な機能，偉大な歴史，偉大な未来を持っている。それは世界のように古く，世界を作り出した，偉大で高貴な感情である。〔※〕

　この偉大な感情に較べて，平等の感情は小さく見えるだろう。また，単純さは少ない。すべての人が必需品を，本当の必需品を，パンと本を供給

されるなら，私たちは贅沢品の分配のことなど気に掛けない。250馬力の自動車が存在したとしても，その分配は，実のところ，私たちには重要ではない。友愛の感情は，人間性の始まりからの，動物性の進化からの，戦争の感情，野蛮さの感情，憎悪の感情すべてを封じ込めるために，そしてそれらに打ち克つために，並外れたものである必要がある。他方，平等の感情は，古い感情でも永続する感情でも，第一級の普遍的感情でもない。それは人間性の歴史で変わった現象として，民主主義的精神の表れとして，限られた時期に現れる。偉大な人たちと偉大な国民を活気づけてきたのは，ある意味で，つねに友愛の感情だった。それは彼らを活気づけ不安にさせた。なぜなら，窮乏への関心は，苦さ，動揺なしに済まないからである。他方，平等の感情は，疑わしい独特の革命しか引き起こさなかった。それはあの英国革命をもたらしたが，現代世界に残したのは，あれほど国家主義的で帝国主義的なイギリスだった。それはあのアメリカ革命をもたらしたが，あれほど帝国主義的で資本主義的な共和国を設立した。それは人間性を開始させなかった。それは都市を準備しなかった。それは単に民主主義の政治体制を発足させただけである。それは合成で混ざった，しばしば不純な感情であり，虚栄・羨望・貪欲はそれに寄与している。友愛は，深い真面目な，勤勉で謙虚な魂を不安にさせ，動かし，情熱的に巻き込む。平等は，脚光を浴びたがる人，代表する人，政府の人にしか届かないことが多い。あるいはまた，平等の感情は人為的な感情であり，形式的な構築によって得られる感情であり，堅苦しく学者ぶった感情である。深く大規模な，人間的で大衆的な暴力的情念が，フランス革命の初期に起きたように平等に対して掻き立てられるとき，それはほとんどつねに，形式的な平等が自由と友愛の現実を覆い隠すからである。政治に平等への関心を導入した人たちが，稀な例外を除いて，困窮していなかったし，したことがなかったのは事実である。彼らはプチブルの者および貧しい者たち，公証人たち，法律家たち，弁護士たちであり，窮乏の拭い難い認証を授与された者たちではなかった」。

付録 B

アンソニー・G・バネット Jr. によるインタビュー
ロサンゼルス，1976 年 4 月

バネット：『集団における諸経験』の中であなたは，戦時中の経験に触れています。それについて，もっとお聞きできれば，と思います。

ビオン：第一次世界大戦中に，私は学校から直接陸軍に，それも戦車隊に行きました。戦車が何かを知りたかったからです。当時，戦車はまだ秘密でした。私はその後の時間を，後悔で費やしました。その後悔について話すのは，非常に難しいことです。
　軍隊は，非常に独特な仕事です。というのは，ほんの短期間しか一緒に過ごさない人のことを，すぐに非常に詳しく，深く知るようになると感じるからです。つねに死の可能性に直面しているこの仕事のようなものはありません。私たちの大隊を，私たちが活動していた短期間——わずか18ヵ月くらいの間に，700人ほどの下士官が通り過ぎました。その結果，私は個々人を非常によく知っていましたが，名前は忘れがちでした。ごく短期間しか見掛けなかったからです。私は，或る仲間に出会ったときのことを覚えています。彼は私の隊にいませんでしたが，私に気づきました。彼は防空偵察兵でした——オートバイでパトロールする人たちの一人です。彼が自己紹介した時，私は彼の顔を認識しました。でも彼を思い出せません

編者注）このインタビューは 4 月 3 日に行なわれ，『集団・組織研究』（Group & Organization Studies）第 1 巻第 3 号，1976年 9 月号に掲載された。

でした。しかしそういうことは，私が自分の知っている人々を本当にとても深く感じていることを分からせてくれます。

バネット：非常にストレスの強かった時期に聞こえます。これらの経験は，集団に関するあなたの理論的な定式化に貢献しましたか？

ビオン：いえ，それほどでも。しかし何らかの影響を与えたとは思います。それを述べるのは，大変困難です。最初の戦闘行為で私は，恐れてはならないと強く感じました——逃げ出してはならない，と（もちろん，逃げ出すことはできません——それは不可能です——あなたはそう悟ります）。他に悟るのは，戦闘中に何も解決しないことです。危険がどのようなものか，ますます分かるようになるので，ますます恐れるようになります。それは非常に不愉快な発見だったと私は思います。そうは言っても，よい兵士は，つまり正規兵は，とても多くのことを学ぶことができると私は思います。彼は恐れが減るようにはなりませんが，自分を大切にする方法を知ります。

バネット：恐れは決してあなたから去らないのですね。

ビオン：決して。

バネット：当時あなたは，医学か精神医学を実践していましたか？

ビオン：いいえ，それはもっと後のことです。私は単に，戦線に立つ兵士でした。不思議だったのは，それが終わったときに私が感じた大きな安堵と，続いて，それが実際には非常に深い傷跡を確かに残したことの発見でした。

　私は，戦争の後，そのままオクスフォードに行きました。そこは素晴らしかった。大学では何もかもが非常に刺激的で興味深かったのですが，そこでは，私の内部で沸き上がっていたどんなことについても，何も全然解

決できませんでした。私がオクスフォードにいた時，元軍人の多くの悲劇がありました。もう一方で――大学当局は，ほとんど全員の下士官が非常によく躾けられていたことを知って驚きました。いかなる問題もありませんでした。多くの人々が，「放蕩の兵士」の帰還を予想していました。私たちは，すべてが美しいと信じ込まされました――実際にそうだったように。しかし，すべてがそこまで壮麗なのに，私たちがそれを楽しむ特権を感じない理由を悟るのは，非常に困難でした。いつもただ，何らかの影がありました――私たちの心を本当には決して去らない，恐ろしいものが。私たちは単純にそれをスポーツ競技で決勝戦に進出することのような新しい課題に結びつけましたが，私は，戦争の影が私たちみなの背景だったと確信しています。

バネット：しかし，影については語られることがなかったのですね。

ビオン：ええ，語られませんでした。イーヴリン・ウォー〔1903-1966〕は，それを記述しました。私はかなり驚いたと言わなければなりませんが，彼は，私たちのような連中全部を追い払えば何と気の晴れることか，と言いました。私たちは単に大学全体の興を削いでいたからです。彼から見れば，大学は，死んだような荷物である退役軍人と戦争関係者たちによって，重く圧し掛かられていました。進歩もできず，かと言ってその「甲殻」を突き抜けることもできない人たちで。もちろん，彼は大学の頂点に座っていました。私たちから見れば軍務経験を持たず大学の名士気取りのいわば「子供たち」に，私たちはかなり憤慨しました。しかしもちろん，それは重要ではありませんでした，と言うのも，私たちはもっとずっと多くの経験をしていたからです。大学はあれだけの退役軍人たちがいたことで，確かに病んだと思います。

　退役者たちに対して非常に親切にしようとする試みがありましたが，相手の方は，私たちの問題が何なのかを知りませんでした。彼らにできたのは，私たちに快適な部屋と良い食事といった，衣食住の物質的な快を与えることだけでした。大学当局から見れば，私たちについてできることは非

常に限られていました。私たちは，そこにあった実にさまざまな活動に身を入れて，とても喜んでいました。私はかなり優れた運動選手だったので幸運でした。私はオクスフォード大学水泳部のキャプテンでした。ですから，私には没頭するものがたくさんありました。また，私は大学のためにラグビーもしました。私には，それが本当に幸運だったのかどうか分かりません。と言うのは，それによって私たちは，恐怖を覆うことができたからです。そして私たちは，すべてが実に素晴らしいという考えに同意しました——実際にそうでした。

バネット：恐怖を忘れるのは簡単だったと……

ビオン：ええ……私たちは，ただ忘れました。私の友人の一人は，マンチェスターまで行って戻って来ると，こう言いました。「大学は，裏返しの悪夢のようなものだよ。マンチェスターの事態がどんなか，つまり，困窮，失業，全体の状態について，大学の人間には全く見当がつかない。ここに——ボートレース，興奮，競技——入ると，幸福と心地良さと慰めの，まるで全部が非現実の世界へと来たようだ。——それに対してマンチェスターに行くと，われわれは直ちにあの恐ろしい状態に突き当たる。実際にはそれが本当のものだ」と。

バネット：マーガレット・リオ[訳注31]は，タヴィストック・モデルについての論評の一つで，それが悲劇的側面や人生の深刻さを大いに強調していると指摘しています。あなたの話は，同じことのように聞こえます——この牧歌的そのものの大学の光景の背後には，マンチェスターの深刻な状態——人々に苦痛を引き起こしている世界の出来事——が

訳注31） Margaret Rioch（1907-1996）：ドイツ語を専攻していたが，神経解剖学者と結婚後，心理学に転向。チェストナット・ロッジ病院最初の女性臨床心理士として働いた。後に，禅に関心を持ち，鈴木大拙，マルティン・ブーバーらと共同研究した。1965年にはタヴィストック人間関係研究所のライス A. K. Rice と共同で，アメリカで初めてタヴィストック式の集団関係会議 group relations conference を開催し，1969年 A. K. ライス研究所を創設した。

あることを，あなたは友人によって思い出させられたのですね。

ビオン：私は，人が苦痛を悲劇でないものによって覆うことは，それほど珍しいとは思いません。天気がよい日なら，天気が良いことをとてもありがたく思えますね。私が今イギリスのことを思い返すと，いつも天気を晴れとして考えます。野原が水浸しの多くの時間のことや，春は寒くて悲惨で忌まわしいことは，ただ忘れるものです。思い出されるのはただ，夏の日々——夏の天気と夏の状態です。誰でも，すべてがどれほど壮麗か——どれほどよい人生か——に注意を集中しがちで，ほとんどの人たちにとってそうではないことを思い出させる人に対しては，憤慨しがちです。もちろん，ほとんどすべての人が，同じペテンを学び——自分が実際以上に，幸福か幸運であるふりをします。そこでたまたま病気になると，不意を打たれます。病気は偶然の巡り会わせであるかのように扱われます。それをもっと正しく言うと，個人の健康こそ偶然の巡り会わせなのだと私は思います。どういうわけか，私たちは頭の中のここに，良い健康状態——30歳のときのような健康状態——が正常だと，私たちに信じさせられるような装置を持っています。

バネット：その見方は，人間の潜在可能性についての運動と鋭く対立するようです——個人性の賛美や，至福についてや共同体についての話とです。私は，成就と幸福を強調する今日の集団の運動をあなたがどう見るかに関心があります。

ビオン：私は，そうした他の運動のどれについても，特に理解力のあることを言えるほど，あまり十分に知りません。しかし，私は精神分析については十分に知っています。精神分析は，不幸であること——不安に満ちていること——は異常であるという前提に基づいています。しかし，他人を扱うという仕事に関わるにつれて，それはまったく非常に疑わしい前提であるように私には見えます。人生には普通に，悲劇や悲しみ，そして衰えていく健康が含まれています。結局のところ，人の健康は誕生の瞬間から

衰えるのであり，そもそも具合の良かったことがない人たちがいます。いくつかの点では，そうした人たちの方が，健康を持ち続けてきて優れた運動スポーツ選手だったことがある私のような者よりも，健全でありうると私は思います。健康な人は，一体なぜ自分が健康を享受しないのか，とにかく正しく認識しません。私には基準をどこに置くものか分かりませんが，おそらく私たちは，苦しみと他の人間との競争関係は実際には正常な標準だと考えるべきです。貧しい者，それほど裕福ではない者，不幸な者は，当然のこととして富を，裕福な者の財産や安楽さを欲しがります。これは個人にも国家にも当てはまるでしょう。きわめて合理的かもしれないのは，裕福で成功した国家や個人が，自分たちは敵意の標的だと考えて当然であると想定することです。

バネット：あなたの精神分析への関心を刺激したのは，たしかメラニー・クラインでしたね。

ビオン：ええ，メラニー・クラインは確かに私に影響を及ぼしました。その前に，ジョン・リックマンからも大きな影響を受けました。私は彼のことが大変好きでした。後になって，彼にはさまざまな個人的な難題があるのがはっきりしましたが，私たちは，そうした困難を抱えている人たちを役立てなければなりません。彼らは私たちの教師になる人たちであり，進歩をもたらす人たちです。私はもちろん大変好意的に彼のことを思い出します。

バネット：彼はタヴィストック研究所[訳注32]にいましたか？

ビオン：いいえ。彼は精神分析研究所にいました。しかし彼は，タヴィストック研究所と関わりを持っている「異端者」の一人でした。あそこはま

訳注32) 正式名称は，タヴィストック人間関係研究所。タヴィストック・センター内に，タヴィストック・クリニックとは別に1946年に開設された。この質問は，組織改編の時期を混同していると思われる。

ったく不適当なところだと，精神分析者たちによって本当に思われていました。

バネット：あなたもタヴィストックでは，異端者だったのでしょうか？

ビオン：ええ，そうでした。しかし私は，反対方向でも異端者でした。なぜなら，私はタヴィストック研究所の一員でしたが，精神分析と接触し，精神分析者になりたくて，実際になったからです。当時英国精神分析研究所は，タヴィストック研究所に協力することによって，精神分析的ではない活動を黙認しているように見えることを恐れていました。それは，アメリカの精神分析者たちが，メラニー・クラインの諸理論を支持する精神分析者たちを是認することによって，精神分析が弱体化されるだろうと考えているアメリカでの状況と，似ていなくもありません。

　当時タヴィストック研究所は，研究所の特質と思われていた思考の自由が，精神分析者たちの偏狭さと頑固さによって危険に晒されるのを恐れていたと私は思います。ですから，リックマンとタヴィストックのメンバーたちとの間のやり取りは，両方の側から疑いの目で見られました。

バネット：A. K. ライス[訳注33]は，しばしばあなたの主な生徒の一人と見なされています。あなたは，彼が理論を拡張していると考えますか？

ビオン：私は彼のしたことをあまり十分に知りません。一度だけアムハーストで同席しただけです。それは彼が小集団を受け持ったときです（彼は，全体集団は受け持ちませんでした）。ですから私には，彼がしていることの知識を更新する機会があまりありませんでした。また，彼はたまたま非

訳注33) Albert Kenneth Rice（1908-1969）：彼はケンブリッジ大学で数学を専攻していたが，人類学に転向，卒業後ケニアで働いた。帰国後は，企業の人事管理で仕事をし，1948年にタヴィストック人間関係研究所に加わった。彼はレスター会議を含む訓練プログラムを開発し，組織へのコンサルテーションを通じてマネジメントやリーダーシップの問題を研究した。

常に体調が悪かったのです。当時私は知りませんでしたが。

バネット：あなたの集団理論は，集団の作業生活の表面の下に，生活の基礎的仮定が存在することを強調しています。これが集団の中でどのように作動するか，あなたの解説をお聞きしたいと思います。

ビオン：どちらの言葉も──基礎的と仮定──重要です。基礎的なのは単に仮定ではなく，人が語ろうとしている事象も，基礎的だと私には思われます。難しいのは，この基礎的な理論をどう定義したり探知したりするかを知ることです。できるだけ丁寧で教養のある仕方で話そうとしても，心の秘密の奥底では，それについて考えると，目覚まし時計に揺らされて目が覚めるように現実によって覚醒させられます。自分の目覚まし時計について語るときは，何語を使いますか。言語はどのように，心の基礎的で秘密の空想の側面を，外的世界の諸現実と結び付けるでしょうか。

　集団では，こうした基礎的仮定を表現しようとする言語を聞く機会があります。集団についてのまさに重要な点の一つは，それが物事を集団的に見る機会を提供することです。順々に一列に並んだ30人の代わりに，30人の人たちが一緒にいる全体の集まりが見られます。私は，集団は歪曲像だと思いますが，測量図もそうだと思います──そこでは山や谷が，等高線を用いて平らな表面に描かれます。集団アプローチは，生活の基礎的仮定を描写するそれ自身の方法を有するべきです。どのような方法かは，まだ発見されていませんが，それは，結果を平らな表面に描写するために，非常に多くのデータを一緒に詰め込むものである必要があります。

バネット：多くの人々は，集団における「基礎的仮定」の概念を，集団過程を理解する鍵と見なしています。しかしあなたは今，その鍵を用いる方法を洗練させる必要があると言っています。

ビオン：ええ，「基礎的仮定」の概念は，途方もない探究を要するものだと思います。例えば，私たちはみな，リューマチの痛みを持った人たちを

知っています。イギリスの普通の一般外来医（GP）は，20年や30年ベッドに寝たきりでいる人たちのことを知っています。癌は，世間の注目を集めます。なぜなら誰も，退屈でうんざりさせて消えることがないリューマチの訴えのような問題を，気にしていられないからです。これは，集団の探究が進みうる方向性だと私は思います。あなたがもしもリューマチの痛みを持った30人の人たちに，一堂に集まるように説得できたならば，何かを学ぶことでしょう。あなたには集団の専門家（エキスパート）が必要でしょう，なぜならそうした人たちを一堂に集めておくことが可能だと，私はとても思わないからです——彼らは，お互いを非常に嫌い合うでしょう。彼らは，思い切って一度は来るでしょうが，すると別の誰かが舞台を占拠していることに気づくでしょう。そして自分の痛みがどれほどひどいかを言う，本当の機会を決して得ることができないでしょう。私は，集団の専門家だけがそれに耐えられる可能性があり，もしも彼がそうできたなら，その30人と個別に会っていては出現しえないパターンから，何かが出現するだろうと思います。私は集団を，本当の地図制作法の地図のように見ることができると思います。集団の理論家は，集団を「読む」ことを学ぶことができます。

バネット：著書の中であなたは，時計の類比を用いています。時計の個々の部品を理解することはできるが，それらがすべて一緒になるまでは，それの機能が時を知らせることだとは，必ずしも分からないだろう，というものです。

ビオン：その通りです。それは集団の過程に似ています。集団の過程は，内臓が伝えられる——飢えのような——ものについて，認知的には知ることがないものについて，あらゆることを確かに伝えます。集団を受け持つ人，いわば集団の専門家は，その集団の他の者には明白ではないかもしれないパターンを探知できるべきであると私は思います。

バネット：私は，その表現——「集団を受け持つ」"taking the group"———を，あなたと結びつけます。他の人たちは，集団を「行なうdo」

とか集団を「率いる lead」と言いますが，あなたの著作ではあなたは集団を「受け持つ take」ことが，非常にはっきりしています。あなたは，自分が作り出さなかったものを観察しています。

ビオン：集団のどのメンバーも実際には集団を「受け持っている」ことを，人はいつも思い起こすべきです。そのように見ることができればの話ですが。そこに座っていて，最初から最後まで何も言わない人間が，集団を「受け持って」いて，それに影響を及ぼしています。早晩誰かが気づくでしょう，「あなたは何も言っていないね」と。それから彼は，「毎週来てもあなたが何も言わないなら，われわれはどうすればいいということか？」と尋ねるかもしれません。しかし，この人間が自分なりの仕方で，集団を引き受けていることは，明らかです——それでも彼は，「私は何もしていません」と言うことができます。

バネット：私は集団と，多種多様の仕方で仕事をしてきました。より個人的で招き入れているときには，私は内的にはとても穏やかです。しかし，タヴィストック方式で集団のコンサルテーションをするときはいつも，私は怯えています。特に始まりはそうです。それは不吉に思われます——おそらく何か恐ろしいことが起こるだろう，と。そのような集団では，恐ろしいことが起きる潜在的な可能性は常にあるように見えます。

ビオン：精神分析では，無意識——つまり私たちが知らないもの——に接近するとき，私たちは，患者も分析者も等しく，必ず動揺させられます。どの面接室にも，2人のかなり怯えた人たちがいるべきです。その2人とは，患者と精神分析者です。もし2人とも怯えていないなら，なぜわざわざ誰もが知っていることを見出そうとしているのか，疑問が出るところです。

　私は時折，集団を受け持っている間の分析者の感情——集団の基礎的過程を吸収している間の感情——は，科学者が証拠と呼ぶかもしれないもの

の僅かな欠片の一つだと思います。なぜなら，自分の感じていることを知ることができるからです。その理由から，私は感情を大いに重視します。分析者であるあなたは，あなたにとって何ともお粗末な非常に乏しい用語集であることを，自分で確認できるでしょう——私は怯えている，私は性的欲望を感じている，私は敵意を抱いている——そしてこれが，感情についてです。しかし，それは現実生活の中でのあり方ではありません。現実生活では，それはオーケストラです。つまり，感情は或るものから別のものへと，連続的に動き，絶えず滑っています。その豊かさすべてを捉える方法がなければなりません。集団では，あなたは証拠がほとんどないという不利な立場にあります。内科医つまり身体的な人間は，身体的＝物理的証拠を得ることができます。あるいは，ともかく彼はそう考えます。身体的＝物理的なものを扱うときには，触れたり感じたり，匂いを嗅いだりすることができますが，心を用いる私たちは，非常に困ったことになっています。なぜなら，私たちは，心が本当に何を知覚できるのか，知らないからです。人生の或る段階では利用できた諸感覚さえ，私たちは失っています。

　幾つかの海洋生物は，信じられない感覚知覚を保持しています。サバを例にとると，その嗅覚は範囲が広く，食べ物を集められます。なぜなら，それは腐りつつあるものを，何だろうと何処にあろうと嗅ぎ付けることができて，それに肉迫できるからです。私たち自身の嗅覚は，非常に質が落ちたようで，事実，どんな類の強い匂いを嗅ぐにも，水状の環境の中で暮らさなければなりません。

　人間が生まれるとき，水状の流体からガス状の流体へと移り変わります——空気です。人は或る種の流体を，粘液の形で身に付けます。そして鼻は今までどおり作動できますが，大幅に縮小した水準でです。もちろん，それが多過ぎる場合，私たちはカタルと呼ぶものを帯びて，その水状の環境は私たちの嗅覚を水浸しにします。

バネット：すると，集団を受け持つ人は，嗅ぎ付けるか，何らかの特殊な感覚に頼っているのですね。

ビオン：まあ，そう仮定するのは大変賢明だろうと私は思います。また，この特殊な感覚が何なのかについて，もっともっと意識的になることが，できるかもしれません。あなたが或る集団を観察していたと仮定します——例えばロシア人の。あなたは，「このロシア人たちは——彼らは決して微笑まない，笑わない」と言うかもしれません。さて，あなたが自分の口の周りの小さな筋肉を用いることに慣れていれば，別の人がそれを使わないときには，もちろん気がつきます。少し時間が経たないと，彼らが微笑のためには小さな筋肉ではなく，何か別のもの——彼らの足とか何か（彼らはダンサーかもしれません）——を用いて，そうやって微笑を表すのだとあなたは気づかないかもしれません。

バネット：あなたに会うためにここに移動する間に私がしていた空想は，あなたがシャーロック・ホームズ役のベイジル・ラスボーンに似ているだろう，というものです——あらゆる小さな手掛かりに，つねに注意を怠らない探偵です。集団のコンサルタントは，ニュアンスに注意を払うことに熟達している探偵のように聞こえます。

ビオン：まあ，その技術を開発できることは，重要だと思います——情報を分類できるという技術です。ここのような部屋を挙げると，それを意識することができますし，観察が鋭ければ，室内にある物をよく記憶しておくことができます。大量のデータがあると，「私は彼らの部屋へ行ったが，彼らは特に審美眼のある人たちではないと思う」とさえ言うことができます。さて，それはこうした物質的対象の解釈です。あなたは，自分の感覚印象の収集人でなければなりません。しかし，自分が印象に溺れる———いわば粘液があり過ぎて，嗅ぐことさえできない——ままにしておくと致命的です。そうなると，知覚は強みである代わりに障害になります。これは，非常に多くのフランス人がヴィクトル・ユーゴーに感じている不平だと私は思います。アンドレ・ジッドが，誰が彼の祖国の最も偉大な詩人かと尋ねられた時，彼は「残念ながら，ヴィクトル・ユーゴーだ」と言い

いました。さて，すごいものです――ユーゴーの観察は。それは本当に並外れています。彼が手に入れられる視覚的イメージは印象的ですが，ユーゴーが偉大な思想家であるという印象はありません。なぜなら，彼は総合しないようだからです。彼の観察を総合する作業は，読者に残されています。

バネット：印象のそうした総合を提供するのは，理論の一つの機能でしょう。私はあなたが，大集団――施設 institutions〔団体〕や組織――について語るのをお聞きしたいと思います。

ビオン：施設と組織は，全く同じです――それらは，死んでいます。こう言えばいいでしょう。施設は，何らかの法令と内規――施設はそれを作成しなければなりません――に従って振る舞います。そしてあらゆる組織の法令は，物理学の法則のように硬直的で決定的になります。組織は，この机のように固くて生きていないものになります。

　私は，どの時点で生きているものが生きていないものへと変化するかを言える人を誰も知りません。糞の山を例にすると，それは生きていないものに見えます。そこに蛆虫が現れると，それは生きているものになります。あらゆる施設――タヴィストック研究所および私たちが有するどれも――の問題は，それらは死んでいますが，内部の人たちは死んでいないことです。また，人々は成長して，何かが起こります。通常起こるのは，団体（社会，国家，州などなど）が法令を作ることです。最初の法令が核を構成し，それから新しい法令がその核を拡張します。もしもそれが物質的な監獄だったら，それの壁が何らかの仕方で弾力的なことを望んだでしょう。組織はそうしないとき，固い殻を発達させ，そうすると拡張はできなくなります，なぜなら組織は，自分を閉じ込めてしまったからです。

バネット：現在，組織を人間のニーズにもっと反応するものにしようとすることに，多くの関心が集まっています。それに成功の見込みはあるでしょうか。

ビオン：もしも組織が人間のニーズに応えなければ，組織か個人かが破壊されるでしょう。それは，固い殻を発達させることで自己を保護する動物に似ています。その動物が成長するとき，何が起こるか。殻や動物には，何が起こるか。通常の鳥は，卵の殻を割って歩み出るのに十分な感覚を持っています。

　不思議なのは，心自体がそれ自身の殻を生むことができると思われることです。人々は，「私はこうした新しい観念(アイデア)について，もう聞きたくない。私はとても幸福に過ごしてきている。私は自分の考えを混乱させたくない。あれやこれやを考えさせられ始めたら，私はロサンゼルスの騒動(訳注34)について思い悩まなければならないかもしれない。なぜ私はここで平穏無事に住めないのか？」といったことを言います。発展と変化に対する抵抗と，糞の山を生きさせようとするこの蛆虫のことをひどく不快なものと考える傾向が，つねにあると私は思います。

バネット：アメリカ合衆国やカトリック教会のように，しばらく前から存続している団体 institutions は，刷新と変化することに関心があると公言していますが，それに逆らうことが起こるようです。指導者が追い出されるか，それとも人々が変化の可能性について非常に悲観的になるか。

ビオン：私は常々，アメリカは「頂点の(トップ)」国家だと自認する知的な信念を持っていると思ってきました。ですから，重要ではないか新米の国家にとっては非常に良い団体でも，頂点に立つ国家にとっては全くそうではない感じがあります。この制約する力に対して，反抗する傾向が現れるだろうと思います。この見えない殻を想像するのは——ただ考えることでさえ，困難です。

　何が国家への制約かは，分からないものです。初期の段階では，それら

訳注34）黒人差別を背景に1965年8月11日に起きたワッツ暴動を指すと思われる。

はかなり明らかでした。アメリカ人にとって，英国人を制約する力と見なしてそれに反抗することは，きわめて容易でした。しかしその後，この新しく形成された団体は，殻を再び持ち始めました。その新しい法令と憲法が起草されました。そこで，憲法——アメリカの精神的な殻です——は，世界の実状に対してあまり十分ではない感じが高まりました。なぜなら，アメリカ国家は成長しており，よって，外側から来る圧力と敵意を意識するからです。アメリカの人たちは，平和に暮らしたいかもしれません。そして誰のことも攻撃したくないかもしれません。しかしそれから彼らは，海軍を持たなければならないことに気づきます。そして空軍を持たなければなりません。彼らは陸軍を持たなければなりません——どれのことも，持ちたくはないかもしれませんが。またしても，殻の中の殻が発達し始めます。彼らは秘密諜報局を持たなければなりません。更に彼らが，秘密諜報局と警察は自分たちに何ができるかを知りたがるけれども，それは他の人たちの仕事であることが分からないと感じるとします。そこでいよいよ彼らは，殻が発達しているときに，自分たちがまさにそれを育てているのだと気づくことができます。これは明らかに，非常に不愉快な進行です，なぜなら，殻を嫌うことはできますが，その殻は必要だと信じているからです。例えば，私はどこかの外国に侵入されたくありません。了解した，それでは，陸軍，海軍，空軍を我慢しよう。しかしそうすると，陸軍，海軍，空軍は，新兵として私が欲しいと言い，私は兵役に服することを学ばなければなりません。私は殻を嫌いますが，それが必要だと見るようになります。

バネット：政治的暗殺の時に，「私たちはみな有罪である」，つまり暗殺者は社会の残りとの結合価 valence を有しているという趣旨の論評が，数多くありました——彼は，われわれみなのために行動を起こしている，というのです。

ビオン：判断は未熟で早熟になされることがありうるので，用心する必要があると思います。判断を早まると，締め付ける——別の殻を付け加える

ことになります。私はそれを自分に見てとることができます。疲れていればいるほど，私は解釈を早急に与えます。自分の心の鮮度を保つのは，ひどく大変な作業です。心は，たとえ自分では何が起きているのか全くぼんやりとさえ分からなくても，働き続けています。

　そのため人は歴史の問題に，何らかの科学的か，宗教的か，芸術的なアプローチを学んでそれを採用しようとします——一体この国で何が問題なのかを視覚化するのは，とにかく難しいことです。人は過去から拾い上げる，こうした少々ありふれたモデルしか得られないのです。

バネット：私はあなたが，集団ではなく個人の精神分析に専念していて，知識と知覚の問題について最近書かれたことを知っています。何がこの頃あなたにとって刺激的でしょうか？

ビオン：私は今，大部分は個人と仕事をしています。個人の探究には，まだ生み出すものが多々あります。集団の利点は，幾つかの要素を理解するのがずっと簡単にできることです。個人の場合，障害を見て取るのが非常に難しく感じられるかもしれません。患者はとても合理的で，穏やかで，問題がないので，その表面の外見に欺かれます。ウェルギリウスが『アエネーイス』の中で描写したように，パリヌルスは，睡眠の神に誘惑されたにもかかわらず，見せかけの穏やかで美しい外観に騙されません。分析者が騙されるままにしているとき，こう言うでしょう。「まあ，この患者は何も問題があったことも起こしたこともなく，いつもうまくやって，私たちみなに愛され好かれていて，暖かくて魅力的な人だ。彼がどうやって，あるいはなぜ，自殺しなければならないのか理解できない」。もちろん，非常に劇的なことです——人が自分の命を，何が起きていたのかを誰にも気づかれずに終わらせるのは。内面にあるものを知ること——それが難しさです。

　私は個人に——彼を囲んで構築された殻からの圧力に対する彼の奮闘に，関心があります。先程私たちは，組織の殻について話しました。さて，個人も殻を持っています。心やパーソナリティを扱っているとき，こうした

同じ殻の構築過程を目にします。しかしそれを扱うのは、はるかに困難です。なぜなら、物理的＝身体的な観察に頼ることはできないからです。おそらく、もう少し感受性があったならば、あるいはもっと鋭敏な装置を用いていたならば、できるのかもしれませんが、現在そうしたものはありません。

　能動的な心があれば、それはその作用への障害や制約に対して押し迫ります。そしてどの活動も、分析者個人の疲労も制約となって、殻の位置を突き止めることさえできません。自己の制止は、さまざまな困難を生み出します。もしも、「ああ、あなたはこれこれの制止に苦しんでいますね、私たちはみな、フロイトが制止について何と言ったか知っています」と言えたなら、事は単純だったでしょう。しかし、制止について言うべきことはそれだけではありません。私たちにはこの広大な宇宙があり、散り散りになったさまざまな対象がありますが、外界は私たちがコントロールできません。それはただそこにあります。しかしながら私たちは、何に注意を払うかに関して選択はできます。これは、私が事物を分裂させなければならない、ということです――机、ランプなどなどへと。それをスローモーションで考えると、優先順位を選ばなければなりません。ですから、自分の制止や制約から抜け出そうとすることを選択するとき、事物を分裂させる――この対象を本と呼んだりこれを机と言ったり――という難問に突き当たります。これが、物の原子的組成に専念してきた人の賛同を得られるかどうか、私には分かりません。と言うのも、机は一体どこで終わるのか、こちら側が机であちら側が空気だと、どこで言えるのか。

バネット：まあ、私は実践的な解決案を見つけるかと思います。私は、机が本当は分子の集まりであると信じても構いませんが、そこに何かを置けば乗ることを期待します。

ビオン：まさにそれがポイントです。人は実践的な決定に至らなければなりません。私たちは或る時点で、自分の思考と観念(アイデア)を行為に翻訳しなければならず、これまでのところ、それをやれてきています。

バネット：私は，この国で東洋哲学への関心が高まっていることに対してあなたがどうお考えか，興味があります。私たちは，西欧の伝統から離れて，東洋の見方を採用しつつあるように見えます。

ビオン：私は，私たちが西欧の伝統から離れることができるとは思いません。しかし，非常に顕著なのは，さまざまな思考法があることに私たちが気づくようになったことです。私はサンスクリット語を知りません（私は語学が全然だめです）が，翻訳書から私が言える限りでは，例えば『バガバッド・ギーター』〔本書41ページ参照〕とエックハルト師との間には，はっきりと目を引く類似性があります——それは，全く異なる宗教の間の類似性です。どちらも，この種の——自分の殻を破るという——思考の型に囲まれており，それが非常に多くの人たちを動揺させます。『バガバッド・ギーター』は，何百年後にもまだ読まれています。

バネット：東洋および西洋の神秘思想はどちらも，自我の縮小または破壊を提起しています——何らかの仕方で，自己の殻を破ることができる，というものです。

ビオン：フロイトは，自我・エス・超自我について，大いに解明をもたらす所見を述べました。人はこの問題について熟慮しようとして，人間をよく見ようとして初めて，こうした精神力動的な定式化が非常に実りは多いが，あまり十分に良くはないことが分かり始めます。しかしそれは難しいところです，なぜなら，フロイトを不正確に述べているのか，正しい方向性にあるのか，あまり分からないからです。

　心は，誰か他の人と接触している一種の皮膚を持っている，と言えるように私には思われます。例えば，私たちは一緒に話しています。なぜか？　どのように？　私はまったくの誤解からかもしれませんが，あなたが私に尋ねていることや話していることを知っていると思っています。しかしなぜ？　これらの感覚は何か。それが私の触覚の問いならば，それは

皮膚だと私は言えます。しかし，2人の「接触」（これはこの言葉の隠喩的な使用ですが）を可能にする，この心的な皮膚は何でしょうか。私たちは物質的世界から言葉を借りていますが，それは触れることではありません。人はそれを感じることができます。そして自分の心を（ジョンソン博士[訳注35]が言うように）相手の人に対して持ち出すことができ，更に別の人との接触――まさに有しているもの――に気づくことができます。このことについて語りたいと少しでも思うならば，何らかの言葉を用いなければなりません。この接触には名称が必要です。

バネット：私は誰かと接触していないとき，もちろんそれに気づきます。

ビオン：しかし，なぜ私たちがそれを知っているのかを知るのは，大変困難です。

バネット：あなたの仕事の哲学的な側面は，あなたが実際に多大な注意を傾けているところです。私には，あなたが概念で戯れているのが分かります――事象を組み立てているのです。それについてもっとお聞きしたいと思います。

ビオン：私はその一節を見つけ出せるかどうか分かりませんが，『パイドロス』の中でソクラテスは，言語が極度に曖昧であることを指摘しています。ですから自分の思考を，曖昧なものではない行為へと変換しなければならないとき，困難が生じます。私たち2人（2つの独立体，性格あるいはパーソナリティ）が会う――私たちは何をすることになっているの

訳注35）Samuel Johnson（1709-1784）：18世紀イギリスの文学者。経済的事情からオクスフォード大学を中退したが，英語辞典を独力で編纂。詩人・小説家・文芸評論家・シェークスピア研究者として活躍した。その諧謔味溢れる人生観察の言葉は，イギリス人の典型とされる。ビオンは『注意と解釈』で，ジョンソンの言葉「人生をありのままに見ることが，私たちにとって大きな慰めとなるかどうかは，私は知らない。しかし，何らかの真実があるとして，それから引き出される慰めには，堅実さと持続性がある」を引用している。

か。通常，これは注目に値するほど切迫した問題ではありません。なぜなら，同じ言語を話そうとすることができるからです。しかし，一度も会ったことがなく，話している言語が分からない誰かと，無人島の上にいることになったと仮定すると——どうやって溝を埋めるか？　身振り言語が普通ですが，接触が実際にはどのようになされるのか，本当に研究した人はいません。

バネット：私なら，何か共同制作になる行為か仕事に，お金を賭けるところです。

ビオン：それは，集団アプローチについて重要なことです——接触するという作業とは何かを探索できるかもしれません。集団は，それが再び会うことができる何らかの道を——物理的に別個の，異なる人たちであるさまざまなメンバーの間でコミュニケーションする方法を，見出さなければなりません。あなたは，あなたの身体が終わるところで終わるように見えますが，それは非常に困惑させる状況です。人々は会って話したり，お互いに交じり合ったりすることができます。何世紀も離れた，プラトンと『ギーター』およびエックハルト師と私たちの間に，或る種のコミュニケーションがあるようにさえ思われます。

バネット：宗教には，それへの何らかの説明があります——霊魂(スピリット)です。

ビオン：宗教的な人たちは長らくそれに関わってきたので相当の用語集を有していますが，それで十分ではないと私たちは言えるでしょう。ある種の拡張を発明しなければならず，どこかに突き出なければならないでしょう。私には，表面に現われつつある精神分析と呼ばれるこの小さな吹き出物が必要とされているのだろうと見えます。問題は，私たちには極めて限界があるので——私たち分析者は，私たちが吹き出物の一部ならば，身体の残りは存在しないと考えます——宗教的世界（それが何であれ）が存在しなくなったことです。精神分析者たちは，宗教の主題が殊に分からない

で来ました。私たちが拡張しようとするのなら——もしも私たちがたまたま成長点の端にいるのならば——その後ろには何もないとか，私たちが押し付けているものは何もないと想像するのは，馬鹿げています。

　このことは，私たちをもう一つの点に導きます。もしも精神分析が宗教的世界の一種の拡張ならば，宗教的世界はその拡張に反対することでしょう。ユダヤ人は，キリスト教と呼ばれているヘブライ人の伝統のあの歪曲を，疑問に感じるかもしれません。同じことが何度も何度も起きています。こうした最新式の思想〔アイデア〕——精神分析，心理学，集団，治療は，何なのか。それらはすべて，ごまかしです。「どれも何百年も前から教会によって知られている」が，共通の答えでしょう。その代わりは，「これは危険で異端である。物事に性を導入し始めれば，宗教を破壊するだろう」です。

バネット：後の段階では，教会は精神分析を或る程度包含して，それを自分の訓練に組み入れているように見えます。

ビオン：ええ，しかしそれは，保護されるために十分な殻を得ると，それが保護するだけでなく，閉じ込めることもできるので，殻に対して反抗しなければならない，という同じ過程であるように見えます。保護する殻は，殺しもするのです。こう言ってみましょう。個人は，どんな観念〔アイデア〕も持っているように見えないほど硬直的にもなりうるし，本当に病理的状態に達するほど考えの迸りが自由で溢れるばかりでもありえます。しかし同じことが，国家にもどんな組織にも当てはまるように私には思われます。人々は，ただ楽々と逃れて新しい使命に着きながら，今まで通りの組織の一員だと主張することはできません。他方，外部の人たちは，自分たちがこの組織の一員だと言ったり，自分たちの考えに対する社会的地位の一種の偽装を得るために組織を使用したりすることは，許されるべきではありません。ですから，そこに次の問題があります。この自己の包み，この殻を作るには，どれほど透過性があるものか。あるいはフロイトの言い方に戻ると，自我にはどれほど透過性があるのか。内部からの圧力があり，他方では，外部からの圧力があります。人はどの程度まで，観念〔アイデア〕が中へ入り込む

のを許容するのか。一種の識別膜が必要に感じられます。それが物理的なものだったならば，望まないものはふるい落とし，本当に望むものは入れるようにする，篩のようなものを作ろうとしたところでしょう。それが心の場合，どうしたらそれが可能か，私には分かりません。

バネット：あなたは御自分の仕事を，特に『集団における諸経験』を，ほんの始まりと見なしているように聞こえます。他の多くの人たちはそれを，一つの決定的な仕事と見なしています。

ビオン：それは極めて残念なことでしょう。あの本は最終見解ではなく，私は集団の仕事をしている人たちに，あれを一刻も早く時代遅れにするように勧めます。

バネット：それが時代遅れになるまでに，しばらく時間が掛かる気が私はしています。

ビオン：『集団における諸経験』の中の幾つかの基礎的なものには，保持する価値があると私は確信しています。私はそれが正しいことを望みます。さもなければ，私たちは人々を惑わしていることになりかねません。私は，今でも有効なものがいくつかあることを望みますが，「ビオンの理論」が複製図のように硬直した仕方で働いてよいとすることは，馬鹿げているでしょう。なぜならそうすることは，個人の成長と集団を形成する諸個人に制約を加えるからです。

バネット：過去数年間，A. K. ライス研究所とセンターは人気が上がっていて，より多くの人たちが集団関係会議に参加して，集団とあなたの理論について学んでいます。あなたはそのことを喜びますか？

ビオン：ある意味で私には，大差がありません。なぜなら，私は集団の仕事から離れており，まだ個人との仕事を多々行なっているからです。しか

し私はもちろん，研究所の仕事が非常に重要だと思います。しかしまた，ライス研究所はアメリカ合衆国や個別の国家のように大きな組織に立ちはだかっている問題を免れられないことを，理解しなければなりません。

バネット：それは同じ問題に支配されていますね。

ビオン：同じ問題……こうした法令は——内規は，必要です。もちろん，新しい法令を作ることはできますので，一定の柔軟性はあるはずです。しかし組織や団体にとっては不幸なことに，柔軟であるのは難しいことです。

バネット：あなたは集団について，何かもっと書くおつもりですか？

ビオン：そうしたいですが，御存知のように，今日の障害の一つは，時間を見つけることです。今のところ，私は個人との仕事に忙殺されています。

あとがき・訳者解題

1. はじめに

　本書は，Wilfred R. Bion: The Tavistock Seminars. Edited by Francesca Bion, Karnac Books, London, 2005の全訳である。訳出に際しては，フランス語訳 Ana de Staal (trad.) Bion à la Tavistock. Les Éditions d'Ithaque, Paris, 2010を参照し，訳注を付けるときの参考にもした。注は同一ページ下段に記し，本文中の原書編者の注は［　］で，訳者による補足は〔　〕で表している。散見された誤植のうち，意味に関わらない自明のものは特に断らずに修正した。引用されているフランス語の文章，聖書の英訳のほか，理解の助けとなると思われるところには原語を残した。術語は，極力一貫して同一語で訳した（例えば，思考 thought，解明 illumination）。それに明らかな無理がある場合，多くは振り仮名で処理した（例えば，観念・考え・理解）。原文に頻出するダッシュ（——）は，日本語ではあまり使われないが，ほぼそのまま踏襲している。

　原書の主要部分は，ビオンが晩年にタヴィストック・クリニックで行なったセミナーの録画記録を，ビオン未亡人が起こして編集したものである。14回行なわれたうちで採録されているのは8回分であり，その一部にも欠損がある。つまり一種のトルソー状態になっており，まずそこに理解の上で物理的な障害がある。ただ，このセミナーに関しては例外的に，7分程度ながら語っているビオン自身の録画をインターネット上で簡単に入手できるので，視聴覚による確認が可能である（本訳書の17-19ページが該当）。

　百聞は一見に如かずで，その短い一節だけからでも，講演中のビオンの雰囲気の何かは伝わるだろう。私にはビオンの語りは，退役軍人の講話

のようにも，サミュエル・ジョンソンの警句のようにも聞こえるところがある。実際，厳粛な空気の中でやや叱られているような感じもあれば，ビオンの皮肉交じりの冗談に聴衆が笑い，どよめいている場面もある。(笑)や（嘆声）（騒然）などと的確に加えられれば，更に分かりやすくなったかもしれない。しかし文字情報のみからそれらを読み取るのは不可能であり，訳文では平叙文としてしか訳していない。ビオンが真顔で極端なことを言っている箇所では，冗談が含まれている可能性を考えていただきたい。

　タヴィストックでのセミナーの他に，本書はその開始直近の1976年4月に行なわれたインタビューを付録としている。このインタビューは大変明解なので，先に通読するのも一つの活用法である。インタビュアーのベネットは集団療法の専門家であり，個人の内界を扱う精神分析とは関わりのない，組織や社会の問題を取り上げているように見える。しかし彼は，集団精神療法家ならではの直截さで，ビオンに戦争の傷跡について尋ねるところからインタビューを始める。話題は痛みとその否認から，言語的認識および表現の方法論的限界，個人を取り巻く集団の成長への抵抗へと広がっていく。こうした現実こそ，ビオンが臨床問題を著述し始めた当初から主題としていたものであり，アルペイオス（本書42，85ページ）のように伏流となっていた次元である。ベネットが戦争の傷跡を話題にしたのは，故のないことではない。『長い週末』他のビオンの自伝が出版されるのは亡くなってからのことだが，1975年にはSFの『未来の回想』の第₁巻が刊行されており，そこには自伝的要素として「ビオン大尉」が登場している（SF: Science Fiction/Sigmund Freud/Silly Fool……）。

　しかし本書の理解には，このインタビューからの知識で十分とは言えないだろう。以下では補助線として，本セミナーまでのビオンの軌跡と，セミナーの内容に関して若干の説明を加えることにする。それは訳者の眼についた限りのことなので，読者は基本的な点を抑えた上で，自由にお読みいただきたい。

2. 後期ビオンとO

　著者のウィルフレッド・R・ビオン（1897年9月8日－1979年11月8日）

は，長いイギリス生活の後，71歳のときの1968年1月にカリフォルニアに移住した。以後の彼の活動は，それ以前とかなり対照的なところがあり，時に「後期ビオン late Bion」と呼ばれる。出版されたもののうち，通常の意味で精神分析の著作と言えるのは『注意と解釈』（1970）のみであり，あとは謎めいた『未来の回想』と，講演・対談および南北アメリカでのセミナーの記録である。それまでのビオンの業績が傑出したものとしてどれも世界的に認められているのに対して，この時期のビオンの活動に対する評価は，地域差が著しい。今なお続いている討論では，後期ビオンの"自由さ"を創造性の源としたいグループと，それを思考の緩みと判断するロンドン・クライン派の間で，見解が分かれる。後者は，ビオンが神格化に乗ってしまったと見做している。

　彼が発表した仕事の主題を見ると，それには年代毎に大体まとまりがある。彼は陸軍の精神科医として応集し復員後タヴィストック・クリニックで働いた1940年代には集団力動を，精神分析の訓練を修了した1950年代には精神病の精神分析的研究を，1960年代には「アルファ機能」を基軸とするメタ心理学によって，心的世界の成立を描出しようとした。そしてそれぞれの時期に，「基礎仮定集団」vs.「作業集団」・原心的装置 proto-mental apparatus，パーソナリティの精神病的部分と非精神病的部分・奇怪な対象・包容 containing・夢想，そしてアルファ要素・ベータ要素・グリッドなどの新たな概念を考案した。

　それらの概説は，ここでは割愛する。「後期」を特徴づけるために敢えて総括すると，それまでの論考は，いずれも知識への集約すなわち「Kにおける変形」に主眼があったと言えるだろう。もちろん，それは知性化を進めるという意味ではなく，ビオンは現実を「知る」という「経験から学ぶ」，関わりの過程を強調していた。しかし彼は，神経症によるものであれ精神病によるものであれさまざまな変形は一種の産物（K）であって経験そのもの（O）ではなく，Kは真の心的変化にとってむしろ障壁の一つであると考えるようになる。言い換えれば，経験そのものは経験されるしかなく，彼はそれを「Oになること becoming O」と呼んだ。更に新奇な記号と暗喩的表現を駆使した『変形』（1965）は，移行期の産物である。

だがそれを表現することもまたKであり，それをかいくぐってOに近づく（→O）手段もそれを表現する方法も晦渋を強めることになって，彼が秘教的と見做されることを招いた。

その難点の一つは，否定神学的な表現によって何が目指されているのか明示されていないこと，特に，臨床とのつながりが見えにくいことである。おそらくそれもあって，ビオンは技法に関して積極的に述べるようになる。その表れが，「記憶と欲望についての覚書」(1967) および『注意と解釈』(1970) である。心から記憶・欲望そして理解を剝ぎ取るとは，過去・未来・現在において情動的接触を遮るものを取り払って受容しようとすること，リアルに経験しようとすることである。しかし，では何を経験するのかは，やはりOを対象化した形で直示できないことに変わりがなく，さまざまに言い換えて述べるしかない。「代用の言語」ではなく「達成の言語」をと言っても，それもまた言葉による間接的な表現である。

Oを巡る理解には，このような原理的な困難ばかりでなく，哲学的な誤解もあるように思われる。ビオンがカントに倣ってOを「物自体」と呼んでも，課題は物質世界の客観的な認識ではなく，人間としてどう生きるかの核心にある人格としての物自体が，行為する際の法則つまり道徳を実践することにある。哲学を引き合いに出すなら，参照すべきは理論理性ではなくて，道徳・欲望・感情・自由意志などの実践理性を巡る問題を考察する倫理学だろう。しかしビオン自身が当初，ベータ要素を「感覚印象 sense impression」と等置するなどヒューム来のイギリス経験論の用語とパラダイムで述べたため，あたかも認識とその懐疑が重要であるかの問題設定となった。しかし精神分析が関わるのは，人が自分の内的・外的現実の中でどのような行為を実践するのか，つまりはどう生きるのかに対してである。そのことを見失うと，ビオンは難解に映るかもしれない。

彼はOを「知りえないもの」・「形なき無限」・「究極的現実」……と言い換えたが，それを無限に接近すべき点や融合を目指す点のようにイメージするのは，ミスリーディングである。また，Oを現象がそこから湧き出してくる点として思い描くことも，無人の世界のような現実を前提にしている。外的現実は，物質や自然からのみ成り立っているのではなく，他の人

たちおよび制度を含む，社会的現実でもある。精神分析の作業の主軸は意味の解明にあるが，その本意は，動機の理解を通じて，主体に人間社会の現実とのつながりを回復させることにある。こうした集団を考慮しない理解では，意義に乏しいだろう。しかし，対人関係は既に複雑な過程を経て成立しているものであり，それを素朴に基礎とすることもできない。内的なものと集団をつなぐ装置を想定することが必要であり，ビオンによる構想の一つは，原心的システムと基礎的仮定である。

　ここには目立たないながら，→Oの実現に関して，ビオンの中で転調が起きる契機があったのではないかと思われる。精神分析は宗教ではなく，悟りや法悦を目指すものではない。また，自然科学のように厳密な法則を把握して現象を認識するものでもない。列の右端を「行為 action」とするグリッドを見れば分かる通り，精神分析は人間社会の中での経験に関わり，最終的には終結して自己選択へと至る行為である。そこには，人さまざまの多様性と類型性とがある。個人が物体を客観的に認識しようとするのは，ごく限られた局面で起こることであり，人間の諸経験の普遍的なモデルとはならない。翻って，フロイト・クラインにとってそうだったように，神話と夢は，人間の運命を劇的に表現していることによって，人間の実相を窺わせるモデルを提供してきた。

　実際には，それは劇的である必要はない。宗教的な秘儀（『トーテムとタブー』で空想されたような）も不要である。いかにしてともに生きるか——夢思考は，人の誕生と同じほど古いこの問いに答える試みとして，神話的な次元すなわちOの衝撃の痕跡を含んでいる。以後ビオンにおいて，単に乳児と母親の関係，個人のベータ要素をアルファ要素へと変換するアルファ機能ではなく，「C行：夢思考・夢・神話」もまた重要であり，彼の叙述は，ますます「挑発的にして喚起的 pro- and e-vocative」（『セヴン・サーヴァンツ』序文）になっていく。それはOからの呼びかけ vocative であろうとしている。心は——当時の，そして今の読者の心は，それを受け留められるだろうか。

3.『タヴィストック・セミナー』の位置

　こうした「後期」の動きは，ロサンゼルス移住の前から始まっているので，ビオンの転回はイギリスから離れたことが理由ではないだろう。しかしそれが彼に大きな機会を与えたことは事実である。実際には，どのようなものだったのだろうか。本人の説明がないので，確たることは言えない。ビオン未亡人は，ロサンゼルスからの招きに二人は疑いと恐れを感じたが，その機会はビオンに「非正統的な自分流の仕方で働く自由の可能性を提供した。それは，彼がクライン派の中では持っていないと感じた自由だった。彼の表現では，彼は『囲い込まれている』感じを長らく経験していた」と述べている。それに対してシーガルは，ビオンの経済的事情（彼は晩婚で子供が小さく，安定した収入を必要とした），招かれておだてられたこと，そして彼の「病理的な死への恐怖」を挙げている。出典は晩年のシーガルへのインタビューの断片で，最後の点が何を言わんとしているのかは明確ではない。経済的な点に関しては，シミントンも同様の推測をしている。

　経済面に関しては，移住に先立って招聘側が，ビオンの分析を受けたいと関心を表明した分析者たちの数から，収入の見込みを保証していた。しかし実際に受けに行ったのは，最初の数カ月間，ベイル Bernard Bail 一人だった（ベイルは12年間ビオンの分析を受けたが，ビオンから助けを得られなかったと感じ，独自の道を進んだ）。

　その一方で，シーガル，ローゼンフェルト，ビオン，メルツァーと招き続けた彼の地では，クライン派への関心が高まり，自我心理学者たちは強く反発した。ロンドンの人たちがアメリカ文化の危険を想像したのに対して，ビオンたちは，クライン派への迫害を経験した。その問題は1970年代中盤まで続いた。彼が学派間の争いに「飽き飽きしうんざりしている」（第4セミナー）のは，実体験に基づいている。

　渡米してほぼ4年経った頃，ビオンはこう書いた。「私自身と，ロサンゼルスの私の同僚たちとの関係は，ほぼ全く不成功だと正確に記述されることができるだろう。彼らは私に当惑し，私を理解することができない——しかし，彼らは理解できないことに対してすら何かの敬意を持っている。私の考え違いでないなら，私の思考・パーソナリティ・考え(アイデア)に対する理解

や共感よりも，恐怖の方が多い。状況は——情動的な状況——他のどこだろうと少しは良いことに疑いの余地はない。イギリスについても，ほぼ同じことが言えるだろう。『かくて時は過ぎゆく，新しいものに場を明け渡しながら……』〔テニスンの引用〕」（『思索ノート』「1971年9月」）。ビオン未亡人は，そうは言ってもカリフォルニアは彼にとって良い環境を提供した，と付け加えている。

　理由はともあれ移住後のビオンの活動は，70歳代であるにもかかわらず，現地以外でも極めて精力的だった。長期休暇の際の訪問先を，以下に抜き書きしてみよう。

　1967年4月　ロサンゼルス（2週間）
　1968年1月　移住　　8月ブエノスアイレス（2週間）
　1969年8月　マサチューセッツ
　1970年　　　〔未確認〕
　1971年　　　〔未確認〕
　1972年　　　ローマ（3回講演）
　1973年　　　サンパウロ（2週間）
　1974年　　　リオデジャネイロ（2週間）・サンパウロ（1週間）
　1975年　　　ブラジリア（1カ月）
　1976年3月　トペカ　　6月ロンドン
　1977年7月　ロンドン　イタリア（2週間）　ニューヨーク（1週間）
　1978年4月　サンパウロ（2週間）　7月ロンドン・パリ
　　　　　　　他に，リオン，ワシントン
　1979年3月　ロンドン

滞在中には週末以外，朝からスーパーヴィジョンやコンサルテーション，夜はセミナーを行なった。こうした活動の中から，『ブラジル講義1』(1973)・『ブラジル講義2』(1974)，彼の没後に『ニューヨークとサンパウロのビオン』(1980)・『臨床セミナーと四つの対話』(1987)・『イタリア・セミナー』(2005) そして『タヴィストック・セミナー』(2005)・『ロサンゼルス・セミナー』(2013) が出版されている。なかでも本書は，彼が長期休暇の折に，精神分析文化を最も共有しているイギリス人を相手に，

ロンドンのタヴィストック・クリニックで行なったセミナーの記録に基づく，第一級の資料である。

「第一級の資料」と呼ぶのには理由がある。まず，講演をしたビオン本人による編集ではない。彼に出版する意図があったかのかどうか，あったとしてもこの形で，つまり全体の半分程度の採録だったかは不明である。編者のフランチェスカ・ビオンは，録画が最近発見されたと書いている。全体としてはそうなのだろうが，ビオンのセミナーを収録したVHSテープは，1990年代には普通にタヴィストックの図書室に置かれていて，借りることができた。しかし訳者の記憶にあるのは，Tグループを途中から見学するような理解し難さがあったことくらいである。現在では著作権保護の対象になっており，今回の訳出のために確認することはできなかった。個人的には，この機会に何回か通読して理解しようとすることができたのは良かったが，これがビオンのセミナーそのものであるのかは，今も分からないところがある。企画の意図も構成も明示されておらず，第4セミナーに至って初めて，この講演に司会者がいたらしいことが分かるほどである。結局，マーサ・ハリスが言っているように，ビオンのタヴィストック・クリニックにおける講演は，彼の「進行中の思考と発展を共有する機会」として受け取るのが最も自然だろう。

4．本書の主題いくつか

セミナー記録は，シナリオのト書きのようにビオンの服装を描写した後，いきなり核心に入る。それは，精神分析を受けるとはどのような体験か，というものである。「精神分析を受けるという実際の経験が外傷的なもので，それからの回復には長い間掛かるものだと私が認識するのに，非常に長い時間が掛かりました」——直接には，これはクラインとの経験を指している。では，ビオンはクラインの分析が暴力的だったと言いたいのか。彼女の解釈に激しい(ワイルド)ところがあったとしても，分析全体が彼の仕事にも愛情生活にも，実りある結果を生んだことに疑いはない。1951年3月半ばに会って，6月初めには結婚したフランチェスカは，ビオンにとっての「良いクライン」だろう（分析は1946年に始まり，1952年に終結した）。

続いてビオンは説明している。人は隙間に苦しみ，それを記憶錯誤 paramnesia で埋めるものだと。すると精神分析の暴力は，外科処置のデブリードマンが感染し壊死した組織を除去することによって健康な組織を成長させるように，心を阻害するものを剝がして，むしろ無知を露わにさせるのだろうか。動作としてそこまで積極的に暴力的・侵襲的ではなく，現実の経験を可能にしようとするにしても，精神分析には原理的に，さまざまな危険が内在している。ビオンは明言していないが，分析が彼にもたらしたのは，世界が外傷に満ちていたという認識である。そうした不快なことは，生活の中では否認されている。フロイトが最初に持ち込んだ外科の比喩には，別の含みもあることが分かる。すなわち，手術に耐えられる身体状態なのか，適切な全身管理を行なえるのかという判断が精神分析を行なう際にも必要である。

彼は次々にショッキングなことを言う。精神分析が意味を持ち，「その経験を活用できる」人はいるが，「多くの場合，それは単に束の間のこと」だと。それは，オックスブリッジに行ったからと言って何かを学んだとは限らないのと，同じことのようである。精神分析に関して事態を錯綜させるのは，それ自体が「記憶錯誤」つまり無知の隙間を埋めるためのものでありうることである。その一方で，大学に行ったことのない一兵卒が，全く別の経験を通じてそれの本質を理解することもありうる。これは一体，何がどう伝わったのか。伝わったのは，観念 idea であり思考 thought である。ビオンはそれを獲得形質遺伝の問題に比しているが，確かにメンデルタイプの遺伝法則によって伝達されるものではない。また，転移・逆転移関係や母子関係の「容器」と「内容」の概念に収まるものでもない。しかしその観念(アイデア)はどうにかして学ばれ，その男性の心・性格・パーソナリティを変容させ，おそらく更には彼に人生の意味を変え，行動を変えた。つまり，彼は思考を受け留めるもの thinker になったのである。同様の効果は，優れた作品との交わりによっても起こる可能性がある。そうした事柄の基礎は母子関係にあるかもしれないが，内容の質が関わることであり，例えばシェークスピアの作品はシェークスピア抜きに語れることではない。「後期」ビオンの特徴の一つを敢えて単純化して述べるならば，それは心

のモデルの大幅な拡張と多様化にあるだろう。フロイトは大人の中の子供を発見し、クラインは子供の中の乳児を発見した、としばしば言われる。ビオンは、新生児どころか、胎児期の両生類段階の痕跡にすら言及する。こうしたものは、転移・逆転移の概念では捉えようがない。しかし彼には、古典的な系統発生論を甦らせて新たに体系化するようなつもりはなく、あくまで思弁的想像力・思弁的推論を駆使するのがその方法である。

　ビオンが触れているアルペイオスを一例として考えてみよう。それは、脈絡のないところに、一本の一貫して流れるものを見ることによってつながりを理解する神話的方法である。これはフロイトが『モーセという男と一神教』で、かつて意識化されたことのない心的外傷の伝承を理解しようとしたのと同じ構想であり、そのように存在しないところにあるものを見るのが精神分析的想像力である。物語を構想する神話＝夢思考は、対象の存在と性質への信頼を前提にしている。

　では、それの証拠や根拠になるものは何か。想像力を働かせるのは良いとして、それが現実と結びついていなければ、意味がない。ただ飼い慣らされた思考も、野生というより乱暴な思考も、的外れとなる。落とし穴は、ビオン風に倣い過ぎることにも現れる。一部のポストビオンの分析者たちのように、神秘的で誕生の予感を孕んだ理解を尊重しても、普通に見て取れることを見過ごして足元を掬われることがありうる。それはどの新しい意匠についても起こることで、個人病理を強調しようと関係を強調しようと、理論を偏愛した時には、ハードな現実が抜け落ちている。

　だから基本となるのは、自己抑制を伴う緻密な観察であり、本当に合っている考え（アイデア）以外は執着せず捨てる態度である。それを踏まえた上で、ビオンは精神分析の根幹に関わる指摘をしている。それは、「あれほど敵対的で否定的で非協力的に見える人物」（本書26ページ）の患者こそが、最大の協力者であることである。精神分析は分析者が何でもありの想像力を一人で飛翔させる行為ではない。必ず患者と行なわれ、彼らから手掛かりが与えられる。分析者のワイルドさが示唆に富むthought-provokingものなのかただ乱暴なのか、優しさが気遣いなのか優柔不断の表れなのか、それも患者が決めて、伝えて来ることである。患者からの苦情は無言でも時に

厳しく，彼らは悪化したり行動化したり中断したりしうる。分析者にとって，それは貴重な現実から学ぶ機会である。但し，手遅れにならないに越したことはない。ビオンは特に明示していないが，もう一つのハードな現実は，時の流れという人間の思惑を超えたものだろう。フロイトの症例研究は，100年を経て，検証の新たな段階を迎えている。その点では，精神分析自体がどのような意味を持ち続けるかは，これからのことである。

　ビオンはしばしば身体医学からの比喩に訴えている。本セミナーからはやや脱線するが，観念(アイデア)の伝達の問題は，「容器」と「内容」の後者をウィルスとして考えると，見えて来るものがあるように思われる。あらゆる思想(アイデア)には毒気が含まれているが，精神分析にも，レトロウィルスのようなところがある。強烈な思想は人に取り憑いて乗っ取り，却って思考できなくする。ビオンに thought without a thinker という表現があるが，thought には thinker を破壊する可能性がある。精神分析の世界ではその典型がラカンで，感染して複製の考えを排出することしかできなくなる人が相当多いようだが，ビオンの考えも例外ではない。逆に，観念(アイデア)は解毒され無毒化されると，折角の何かも変質してしまい，自分を守る「殻」の一部として使われる。精神分析に似て非なる別のウィルスに感染している人もいて，やり取りに見えても異なる株の間では，対話は成立していないかもしれない。

　感染すると人はそれぞれに対処する。一度感染すると，もはや同じ人間ではない。偉大な思索者 thinker は，結果的に内的対象としての精神分析自体に変革をもたらすこともあるが，それを大規模に行ないえたのは，クライン，ビオンといった限られた人たちである。そのこととは別に，精神分析的な臨床を実践する人はみな，自分と／自分の中で折り合いを付けつつ，自己に決して完全に吸収同化できない内的対象としての精神分析と関わることになる。教育や訓練は生ワクチンのようなところがあるかもしれない。それは病に対抗する免疫力を付けるが，疑いや自信が付き過ぎると，自己免疫疾患に陥ったり精神分析を変質させて自分の中で違うものにしてしまったりする恐れがある。

　後期ビオンの過激さは，何より行動として，エスタブリッシュメント

（ロンドン）から実際に抜け出てしまったことに現れている。しかしそこはまたクライン派への迫害と理想化される誘惑という別の戦場でもあったようだ。実際，彼は10代の終わりにわざわざ自分で戦場に行き，その代償として心的外傷で愚かしい選択を贖い，その救いを精神分析に求め，今度はそれに感染したことで現実との関わりを賦活され，今度は精神分析自体を救い出そうとして組織や体制に対して戦うことになるように宿命づけられていた観さえある。みなに智恵の成果をもたらした「ゾウくん」とそれを重ねられるのは，彼の強さである。

　以上はあくまで根本的(ラディカル)なビオンの強調であって，彼にはサミュエル・ジョンソンのようなところもあることを，忘れないでおきたい。彼が第6セミナーの終わりで，自分が変わってしまって逮捕されないだろうかと言っているのは，もちろん冗談である。

5. 終わりに

　1979年9月1日，ロサンゼルスから戻り，タヴィストックでのセミナーも含めて，再び精力的に働き始めたビオンに，10月半ば，唐突に晩年が訪れる。急性骨髄性白血病の発症と，数週間後の死である。2年前のセミナーで彼は，末期癌という言葉が「何と馬鹿げた言い回しか」と言っていた。面接を依頼する際に貼るレッテルとしては，たしかにそうだが，それが事実となっては……。「人生は驚きに満ちている，そのほとんどは不快だ（'Life is full of surprises, most of them unpleasant'.）」が，病名を聞いたビオンの言葉だったらしい。その認識は，集団との関わりに遡られる。「集団が経験する最も顕著な感情は，欲求不満の感情である……これは，満足を求めてやって来る個人には，非常に不快な驚き very unpleasant surprise である」（Experiences in Groups, p. 54）。ビオンが取り組んだ「本当(リアル)＝現実(アクチュアル)のもの」とは？ あるいは彼が『未来の回想』で言うリアルな分析 real analysis とは？ それらを理解するには，改めて彼の軌跡をたどる必要がある。それはまた別の機会に試みたい。

　最後に，今回の翻訳出版にあたって大変お世話になった岩崎学術出版社編集部 長谷川純氏に深く感謝します。

文　献

Bail, B. W.: Psychoanalysis and the Fisher King. At http://www.holisticpsychoanalysis.com/HP/psychoanalysis-and-fisher-king.htm

Bail, B. W.: When Bion left Los Angeles. At http://www.holisticpsychoanalysis.com/HP/when-bion-left-la.htm

Bion, F.: The Days of our Lives, in The Journal of the Melanie Klein & Object Relations Journal, Vol 13, No.1, 1995.

Bion, W. R. (1973): Bion's Brazilian Lectures 1. Rio de Janeiro: Imago Editora. [Reprinted in one volume London: Karnac Books 1990].

Bion, W. R. (1974): Bion's Brazilian Lectures 2. Rio de Janeiro: Imago Editora. [Reprinted in one volume London: Karnac Books 1990].

Bion, W. R. (1975): A Memoir of the Future, Book 1 The Dream. Rio de Janeiro: Imago Editora. [Reprinted in one volume with Books 2 and 3 and 'The Key' London: Karnac Books 1991].

Bion, W. R. (1977a): A Memoir of the Future, Book 2 The Past Presented. Rio de Janeiro: Imago Editora. [Reprinted in one volume with Books 1 and 3 and 'The Key' London: Karnac Books 1991].

Bion, W. R. (1977e): Seven Servants. New York: Jason Aronson inc. (includes Elements of Psychoanalysis, Learning from Experience, Transformations, Attention and Interpretation).

Bion, W. R. (1979b): A Memoir of the Future, Book 3 The Dawn of Oblivion. Perthshire: Clunie Press. [Reprinted in one volume with Books 1 and 2 and 'The Key' London: Karnac Books 1991].

Bion, W. R. (1980): Bion in New York and Sào Paolo. (Edited by F.Bion). Perthshire: Clunie Press.

Bion, W.R. (1982): The Long Weekend: 1897–1919 (Part of a Life). (Edited by F. Bion). Abingdon: The Fleetwood Press.

Bion, W. R. (1985): All My Sins Remembered (Another part of a Life) and The Other Side of Genius: Family Letters. (Edited by F. Bion). Abingdon: The Fleetwood Press.

Bion, W. R. (1985): Seminari Italiani. (Edited by F. Bion). Roma: Borla.

Bion, W. R. (1992): Cogitations. (Edited by F. Bion). London: Karnac Books.

Quinodoz, J. M. (2008): Listening to Hanna Segal, Routledge, London, 2008.

Symington, N.: Bion the Man. Psychoanalysis Downunder, #11. At http://www.psychoanalysisdownunder.com.au/downunder/backissues/1138/1139/1140

索　引

あ行

アイデア→観念
『アエネーイス』　132
明日の患者　19
アブラハム，K.　49
アルファ要素　25
アルペイオス　42, 44, 85
イギリス精神分析協会　87
arbitrium〔意志〕　66
痛み　6, 51, 54, 65, 74, 98, 109, 124
遺伝　3〜5, 19, 28, 46, 96
ヴァレリー，P.　38
ウィニコット，D. W.　5
ウェルギリウス　132
ウォー，E.　119
ヴォーグ→流行
宇宙　1, 3, 8, 33, 57, 60, 74, 77, 133
エックハルト　134, 136
エディプス状況　24
O（オー）　40

か行

外骨格　40
解釈　20〜22, 24, 26〜29, 37, 48, 56, 68, 71, 72, 88, 95, 105, 111, 128, 132
外傷　19
外傷的　1, 48
蓋然性　31, 32
解明　28, 35〜37, 40, 55, 134

カウチ　52, 56, 67
科学　1, 3, 31, 47, 49, 51, 89, 100, 106, 108, 132
――者　126
『限りなき対話』　9
確実性　31
獲得形質　4, 28, 96
過去　19, 43, 76, 96, 100, 132
カタレプシー状態　68, 84
カトリック教会　130
殻　8, 13, 40, 44, 129〜134, 137
ガリレオ　54
ガレノス，C.　94
観察　5, 8, 15, 16, 20〜22, 26, 47, 52, 67, 73, 75, 94, 97, 104, 126, 128, 129, 133
感謝　107
観念　3〜5, 7, 10, 19, 24, 26, 30, 38, 42, 46, 52, 54, 55, 59, 63, 82, 88, 91, 92, 101, 130, 137
記憶　20, 28
記憶錯誤　2, 7
記憶喪失　2, 5
基礎的仮定　124
キプリング，R.　37
逆転移　5, 25, 28, 39, 79, 110, 111
嗅覚　8, 75, 76, 127
嗅脳　64
恐竜　44
ギル，E.　99
クライン，M.　10, 24, 32, 49, 59, 71,

107, 122, 123
グリーン，A.　9, 36, 113
グリッド　74, 75
芸術　2, 3, 93, 95, 106, 132
原心的装置　63
好奇心　9, 36, 44, 55
孔子　64
行動化　72
五感　22, 23, 40, 44, 50, 52
国立絵画館→ナショナルギャラリー
心地よさ　101
心　1, 3, 7, 9, 12, 17〜19, 23, 25, 28, 30, 38, 39, 44, 48, 50, 55, 56, 63, 64, 66, 67, 80, 82, 94, 101, 107, 111, 124, 132〜134
コミュニケーション　16, 19, 23, 26, 27, 35, 37, 38, 45, 52, 60, 74, 82, 89〜93, 95, 96, 136
『根本の真理』　91, 113

さ行

サザーランド，G.　95
残骸　52〜54, 64, 67, 81
懺悔司祭　97
死　17, 117
シェークスピア，W.　4, 28, 29, 45, 55, 57, 87, 108
視窩　6, 52, 75
耳窩　6, 52, 75
自我　48, 66, 134, 137
時間　32, 70, 88, 99, 100
思考　5, 7, 9, 30, 37〜39, 42, 43, 45〜47, 52, 59, 64, 81, 82, 91, 135
自己自身　67
自殺　72, 73, 132
施設　11, 30, 96, 104, 129
ジッド，A.　128
『失楽園』　15, 38
嗜癖　98, 99
思弁的　7, 20
　──推論　25, 31, 43
　──想像力　25, 31, 42

シャルコー，J.　7, 15, 67
『ジャン・コストについて』　90, 91, 113
宗教　1〜3, 38, 39, 83, 94, 104, 114, 132, 134, 136, 137
集団　5, 13, 30, 39, 42, 46, 50, 55, 60, 63, 66, 77, 78, 88, 90, 91, 96, 97, 110, 118, 124〜128, 132, 136〜138
『集団における諸経験』　117, 138
自由に漂う不安　10
『十二夜』　29
『手稿』　3
シュテーケル，W.　49, 83
『ジュリアス・シーザー』　29, 108
ジョイス，J.　45
証拠　5, 20, 22〜24, 31, 51, 55〜57, 70, 71, 76, 126, 127
ショーペンハウアー，A.　83
ジョンソン，B.　135
『シラの書』　41
真実　20, 28, 29, 57, 60, 61, 69, 90, 103, 108
心身症　64
身体　7, 12, 21, 23, 25, 46, 63, 64, 66〜68, 84, 106, 109, 136
身体医学　1, 109
診断　22, 44, 48
心的空間　73
髄鞘　18
推論　20, 25, 33, 42, 43
数学　31, 38, 49, 54, 60, 65, 83
　──者　80, 82
スーパーヴィジョン　20, 84
性　3, 11, 16, 65
性格　1, 17, 19, 33, 48, 50, 55, 75, 94, 95, 135
『制止，症状，不安』　17
政治的暗殺　131
精神・身体病　64
身体・精神病　64
精神分析研究所　48
性的制止　110

索引

セイレーン　59
セザンヌ, P.　93
セズーラ　17, 21, 25
接触　5, 8, 12, 25, 43, 77, 84, 134〜136
切断→ セズーラ
全知　24, 33
先入観　27, 67
羨望　77, 107, 115
『羨望と感謝』　107
『ぞうくん』　37
『創世記』　104
想像力　20, 21, 52, 57, 68
側副循環　106, 110
ソクラテス　92, 101, 135
ソルジェニーツィン, A.　9

た行

第一次世界大戦　36, 45, 113, 117
大学　4, 30, 31, 118〜120
胎児　6, 8, 12, 30, 52, 75
体制　89
タヴィストック研究所　48
ダン, J.　64
誕生　6, 17, 19, 24, 52, 100, 121
知恵　41, 50, 64
チャーチル, W.　95
治癒　5, 27, 55, 74
中間休止→ セズーラ
中断→ セズーラ
超自我　48, 66, 104, 134
超魂　48, 66
頂点　79
沈黙　35, 37, 43, 90, 91
通貨　2, 74
抵抗　53, 78, 79, 91, 130
定式化　1, 16, 40, 43, 51, 56, 74, 82〜84, 88, 98, 118, 134
転移　5, 25, 28, 39, 110, 111
天文学　8, 33, 45, 60, 80
道徳　10, 12, 104〜107, 110

な行

ナショナルギャラリー　38, 92, 93, 109
『二周忌の歌』　64
偽物　93, 102, 103
乳児　10, 17, 18, 71
ニュートン, I.　54
『ニューヨークおよびサンパウロにおけるビオン』　75
ニュルンベルク大会　41
ノースフィールド　4, 5, 13, 31, 33

は行

パーソナリティ　1, 3, 13, 17〜19, 30, 48〜50, 55, 65, 66, 80, 94, 132, 135
『パイドロス』　135
『バガバッド・ギーター』　41, 42, 134, 136
破局的変化　73
発生　25, 27, 29, 33
『ハムレット』　109
パリヌルス　132
犯罪　10, 18, 97
『パンセ』　43
万能　24, 33, 71, 100
美学　1
ピカソ, P.　9, 78
ファッション　77
『フィネガンズ・ウェイク』　45
プラトン　92, 136
ブランコ, M. I.　35
ブランショ, M.　9, 36
フロイト, S.　2, 3, 7〜9, 15, 17, 20, 24, 27, 39, 48, 49, 54, 67, 81, 83, 89, 133, 134, 137
分析者　9, 15, 17, 22, 23, 25, 33, 35, 39, 40, 44, 54, 57〜59, 65, 69, 74, 79, 82, 85, 88, 91, 93, 95, 96, 107, 110, 126, 132, 133, 136
分析状況　22, 71
分析的な交わり　26

分節言語　16, 21〜24, 26, 33, 43, 91, 93, 107
ベーコン，F.　81
『ベーコン随想集』　81
ベータ要素　25, 63
ペギー，C.　90, 91, 113
萌芽　21, 25
暴力　1, 13, 59, 94, 115

ま・や行

『マクベス』　18, 29, 55
末期　17, 18, 69
未知　58
ミルトン，J.　15, 29, 38, 42, 43, 85
『無限集合としての無意識』　35
無知　2, 3, 24, 27, 36, 58
メニンゲート　44
メンデル，G.　3〜5, 46, 96
物自体　108
野生→ワイルド
ユーゴー，V.　128, 129
夢　8, 24, 39, 52, 56, 68, 84, 100
ユング，C. G.　49, 82, 83, 89

容器　82, 99
欲望　20, 28
欲求不満　65, 68〜70, 72

ら・わ行

ライス，A. K.　138
ラファエル　94
乱暴→ワイルド
乱流　3
リオ，M.　120
陸軍　36, 42, 97, 98, 117, 131
『リシダス』　29, 42, 43
理想化　57, 58
『リチャード三世』　87
リックマン，J.　4, 30, 31, 122, 123
流行　77, 81, 83
両眼視　27
理論　2, 7, 10, 19, 23〜27, 31, 36, 39, 48, 49, 51, 54, 59, 64, 79, 88, 98, 101, 104, 109, 111, 118, 123, 124, 129, 138
レオナルド　2, 37, 94
ワイルド　29, 38, 41, 42, 45〜47, 53, 63
忘れる　20, 27, 120

訳者略歴

福本　修（ふくもと　おさむ）
1958年　横浜生まれ
1982年　東京大学医学部医学科卒業
1990年　静岡大学保健管理センター助教授
1993年　タヴィストック・クリニック成人部門留学
2000年　タヴィストック・クリニック成人精神分析的精神療法課程修了
専　攻　精神医学・精神分析
現　職　恵泉女学園大学人間社会学部社会園芸学科教授／長谷川病院／代官山心理・分析オフィス
著　書　新世紀の精神科治療第7巻：語りと聴取（中山書店　共著），新世紀の精神科治療第2巻：気分障害の診療学（中山書店　共著），埋葬と亡霊——トラウマ概念の再吟味（人文書院　共著），現代クライン派精神分析の臨床——その基礎と展開の探究（金剛出版）
訳　書　クリニカル・クライン（誠信書房　共訳），精神分析の方法Ⅰ（法政大学出版局）・Ⅱ（同　共訳），夢生活（金剛出版　共訳），現代クライン派の展開（誠信書房），現代クライン派入門（岩崎学術出版社　共監訳），フロイトを読む——年代順に紐解くフロイト著作（岩崎学術出版社　監訳）

タヴィストック・セミナー
ISBN978-4-7533-1085-2

訳者
福本 修

2014年11月1日 第1刷発行

印刷 新協印刷(株) ／ 製本 (株)若林製本

発行所 （株）岩崎学術出版社 〒112-0005 東京都文京区水道1-9-2
発行者 村上 学
電話 03(5805)6623 FAX 03(3816)5123
©2014 岩崎学術出版社
乱丁・落丁本はおとりかえいたします 検印省略

フロイトを読む──年代順に紐解くフロイト著作
J・M・キノドス著　福本修監訳
フロイトと出会い対話するための絶好の案内書　　　　本体4600円

現代クライン派入門──基本概念の臨床的理解
C・ブロンスタイン編　福本修・平井正三監訳
当代一級の教育分析家が基本概念を平易に論じる　　　本体4500円

精神分析体験：ビオンの宇宙──対象関係論を学ぶ 立志編
松木邦裕著
構想十余年を経て，待望の書き下ろし　　　　　　　　本体3000円

見ることと見られること──「こころの退避」から「恥」の精神分析へ
J・シュタイナー著　衣笠隆幸監訳
新しく包括的な，クライン派による「抵抗」論　　　　本体3800円

米国クライン派の臨床──自分自身のこころ
R・ケイパー著　松木邦裕監訳
明晰かつ率直な精神分析についての卓越した分析　　　本体3800円

トラウマを理解する──対象関係論に基づく臨床アプローチ
C・ガーランド著　松木邦裕監訳
トラウマとその心への影響を真に知るために　　　　　本体4000円

臨床現場に生かすクライン派精神分析──精神分析における洞察と関係性
ウィッテンバーグ著　平井正三監訳
臨床現場に生きる実践家のために　　　　　　　　　　本体2800円

集中講義・精神分析㊤──精神分析とは何か／フロイトの仕事
藤山直樹著
気鋭の分析家が精神分析の本質をダイレクトに伝える　本体2700円

集中講義・精神分析㊦──フロイト以後
藤山直樹著
精神分析という知の対話的発展を語り下ろす待望の下巻　本体2700円

この本体価格に消費税が加算されます。定価は変わることがあります。